RECETTES EXPRESS

RECETTES EXPRESS

Nadine Abensur

HACHETTE

À Barry,
à Digby et à Noah

Édition originale publiée au Royaume-Uni
en 2000 par Cassell & Co.

Direction artistique : David Rowley
Maquette : Clive Hayball et Miranda Harvey
Photographies : Philip Webb
Stylisme : Bridget Sargeson, Nadine Abensur

Pour l'édition française
Responsable éditoriale : Brigitte Éveno
Suivi éditorial : Sylvie Gauthier
Traduction : Sophie Brissaud
Réalisation : Béatrice Lereclus

sommaire

introduction

Ces recettes sont mes recettes. Aucun snobisme, aucun artifice, c'est mon **style de vie**, voilà tout. C'est la cuisine de la femme que j'étais encore récemment : une jeune maman travaillant à plein temps, jamais rentrée avant 19 heures, et encore ! Et pas délivrée des fourneaux pour autant : à la cuisine, mon mari **débarque** de la planète Mars. Tout ce qu'il en connaît, ce sont les assiettes qu'on pose devant son nez.

J'ai l'air de vous décrire une galère, mais il n'en est rien. J'adore cuisiner. Cette demi-heure passée dans ma cuisine est ma façon de réintégrer mon foyer, de rassembler les parties de moi-même éparpillées au cours de la journée. C'est le moment où tout **s'unifie**, où tout **s'harmonise**.

Lorsque est apparue l'idée d'un livre de recettes express, tout le monde autour de moi en dansait de joie. Après tout, la décennie 90 a été celle du « vite fait », du « sur le pouce ». Mais j'ai cherché à me dégager de ce concept. « D'accord, m'écriai-je, je vis à cent à l'heure, mais en réalité je n'y crois pas. Si je fais mon gratin avec des pois chiches en boîte, c'est parce que je n'ai pas le choix et non parce que je trouve ça idéal. »

Mon éditrice : – Mais c'est bon, non ?

Moi : – Euh... si, c'est même **délicieux**.

Mon éditrice : – Alors, où est le problème ?

Je n'étais pourtant pas libérée du doute.

Une fois posée la limite de 30 minutes pour chaque recette, je me suis mise à tester et à minuter, ce qui a donné lieu à des scènes homériques avec mon assistante, Annabel.

« 2-3 minutes, ça veut dire 2 minutes ou 3 minutes ? Dois-je expliquer comment on tient un couteau pour hacher à toute vitesse comme un pro ? Si je me trompe d'une seconde dans mon minutage, cela me sera-t-il reproché à la télé en *prime time* ? »

Tant et si bien que nous avons cessé de couper les cheveux en quatre. Nous avons levé le pied et nous nous sommes dit : « La cuisine, c'est fait pour **s'amuser**. C'est le **plaisir**, la joie de vivre. » Et nous nous sommes remises au travail. À la fin de chaque journée, nous avions réalisé une belle collection de recettes – non pas cinq ou six comme nous l'avions prévu, mais onze, douze ou treize. C'était vraiment de la cuisine **rapide**, et **savoureuse** par-dessus le marché.

Je demandais à Annabel : « À quelle heure aimerais-tu manger ça ? À midi ? Au dîner ? Et tu le mangerais toute seule, ou tu te sentirais **capable** de le préparer pour 20 personnes ? » Tous ces détails ont été notés, intégrés. Si l'on augmente les proportions de la recette, son temps de préparation en est-il prolongé, et de combien ? Réponse : rarement, et de peu de temps. On dirait que la plupart des livres de cuisine rapide sont destinés aux personnes seules ou aux couples. Moi, j'ai tenu compte des familles et des amis.

La majorité de ces recettes sont **faciles** à préparer. C'est leur raison d'être. Mais pour d'autres, je n'ai pas hésité à recourir à l'autocuiseur. C'est un auxiliaire un peu suranné, mais je résiste encore farouchement au micro-ondes : je veux cuisiner **pour de vrai**. Pas y passer des heures, mais mettre la main à la pâte, enfouir mon nez dans un gros bouquet de coriandre et **respirer à fond**. Je veux que ça grille, que

ça **grésille**, que ça braise. Je veux les odeurs. Et des odeurs, vous en aurez à profusion dans ce livre.
J'y ai mis, soit dit en passant, des recettes qui n'ont pas grand-chose à voir avec la cuisine express ; les gratins, par exemple. Normalement, il faut des heures pour les préparer, les assembler et les cuire. C'est tout sauf du « fast-food ». Mais je me suis rendu compte depuis longtemps que, si j'accélère leur temps de cuisson, ils n'en sont pas moins **délicieux**. Un peu moins traditionnels, peut-être.
Je n'ai pas honte d'utiliser de la pâte feuilletée ou brisée du commerce, fraîche ou congelée. Au contraire, je suis toute **fière** quand je pose sur la table une superbe tarte réalisée en à peine une demi-heure. Et j'achète, sans état d'âme, des légumes surgelés : petits pois, fèves, épinards, maïs, fonds d'artichaut.
Chaque fois que je le peux, j'achète du pesto de bonne qualité, mais celui-ci est souvent cher. Or cuisine express ne veut pas dire cuisine coûteuse ; c'est pourquoi je vous donne une série de suggestions pour équiper votre cuisine d'ingrédients et de préparations utiles à avoir **toujours sous la main**, surtout le week-end. Certains se conservent pendant des semaines.
Vous verrez qu'un bon tiers de ces recettes portent la marque de l'**inspiration** orientale – Maroc, Proche-Orient, est de la Méditerranée. J'aurais pu me concentrer davantage sur ces régions, mais je désirais élargir mon éventail. Nous sommes devenus, au plan alimentaire, si **multiculturels** que j'ai voulu refléter cette nouvelle tendance et inclure des recettes **irrésistibles**, tantôt intenses, tantôt plus douces, mais inspirées des cuisines du monde entier.

à portée de main

Voici une liste (non exhaustive) de condiments et d'ingrédients dont je suis rarement à court. Ils me sont très utiles pour concocter de délicieux repas en un clin d'œil.

ail J'ai toujours si peur d'en manquer que j'en achète chaque fois que je fais mes courses. Si je prévois une période de cuisine intensive, j'en épluche une bonne quantité et je garde les gousses dans un bocal, recouvertes d'huile d'olive, au réfrigérateur. Elles se conservent plusieurs jours, et l'huile d'ail ainsi obtenue se révèle précieuse.

alcools Vodka, cognac, Cointreau… je les garde tous au congélateur. J'en verse un trait dans certaines crèmes ou sauces et dans de nombreux desserts.

amandes Entières, non mondées : pour les monder, il suffit de les plonger un instant dans l'eau bouillante, de les laisser reposer 1 minute, de les rafraîchir et de retirer les peaux. D'ailleurs, une seule recette de ce livre requiert des amandes mondées : pour les autres, amandes grillées ou effilées conviendront parfaitement.

artichauts Fonds ou cœurs, surgelés ou au naturel, en bocal ou même en boîte.

bouillon Cubes, poudres, extraits : utilisez les bouillons de légumes disponibles en alimentation bio ; ils sont délicieux et d'excellente qualité. Existant en version salée ou sans sel, ils sont très concentrés : sachez en doser la saveur.

citrons jaunes ou verts Pour obtenir beaucoup de jus, choisissez-les à peau fine et souple. Pour les conserver au sel (page 17), choisissez-les à peau épaisse et dure. Les citrons bio, non paraffinés, sont précieux mais éphémères ; ils moisissent au bout de deux ou trois jours. Et le premier citron moisi a vite fait de contaminer ses voisins. Au réfrigérateur, vous prolongerez un peu leur vie.

coriandre À acheter en grosses bottes sur les marchés et dans les alimentations orientales. Plongez les tiges dans un bocal d'eau et gardez le tout au réfrigérateur pour profiter plus longtemps de ces feuilles fraîches et parfumées.

courge La courge sucrine (photographie page 136) que j'utilise dans mes recettes se trouve sur les étals des maraîchers ou dans les magasins bio.

couscous Pour les recettes de couscous, évidemment, mais aussi juste en salade, imbibé d'un peu d'eau et d'huile d'olive, avec de la coriandre fraîche, un soupçon de harissa, une tomate finement concassée – c'est tout.

cumin Entier ou moulu, je ne saurais m'en passer. Il réchauffe, relève, sublime tout ce qu'il touche. La cuisine prend avec lui des tonalités orientales, mauresques.

foul medames Févettes égyptiennes brun sombre en conserve, souvent très salées. Il suffit de les accommoder avec un trait d'huile d'olive, un peu de jus de citron et une noisette d'ail écrasé pour obtenir un déjeuner consistant. N'oubliez pas de bien mastiquer à cause des peaux.

harissa Plusieurs recettes de ce livre demandent un accompagnement de harissa, ce mélange tunisien de piment rouge, d'ail, de coriandre et de carvi ou de fenouil, parfois agrémenté de menthe fraîche. Vous l'achèterez en tube, en bocal – ou en vrac dans les alimentations nord-africaines. Je la prépare parfois moi-même avec des piments rouges frais et un peu de cumin ; pas très orthodoxe mais délicieux. La harissa va avec beaucoup de choses, les œufs par exemple.

huile d'arachide Pour la petite et la grande friture. Raffinée, elle n'a aucun goût, mais vous pouvez lui donner un peu de style en y ajoutant quelques cacahuètes au moment de la faire chauffer.

huile d'olive J'en utilise deux : une huile fine de Ligurie (que j'appelle « huile d'olive légère » dans la liste des ingrédients) et une huile très fruitée de Toscane, vert sombre, cette dernière surtout pour les crudités (« huile fruitée » dans la liste des ingrédients). La meilleure coûte cher, mais je n'ai jamais jugé utile de me ruiner en huile d'olive ; les huiles de marque disponibles en grande surface sont d'excellente qualité. Il suffit qu'elles soient extra-vierges et de première pression à froid ; pour la provenance, suivez votre préférence. Ma cuisine ne souffre absolument pas de cette économie ; l'important n'est pas tant l'huile que ce qu'on en fait et le talent qu'on y emploie.

huile de truffe La vraie huile de truffe blanche coûte une fortune, et à moins qu'on ne m'en offre pour Noël, je continue de me servir d'une variété moins chère, trouvée en grande surface. Je l'utilise donc en quantité généreuse, alors que la meilleure qualité ne nécessite que l'ajout de quelques gouttes. Ce qui revient peut-être au même…

miso Cette pâte japonaise de soja fermenté est vendue sous vide dans les alimentations bio ou orientales. Le miso se conserve des mois dans un bocal, au réfrigérateur.

moutarde De Meaux ou de Dijon, je l'adore, mais j'aime aussi la moutarde anglaise en poudre, bien forte, à préparer soi-même (marque Colman's). Je l'ajoute fréquemment à la vinaigrette (page 16).

œufs Gros, biologiques, pondus par des poules courant en plein air… C'est ainsi que devraient être tous les œufs. Et c'est ainsi, sans doute, qu'ils seraient si nous choisissions tous de revenir à une nourriture plus saine. Il n'est pas interdit de rêver.

oignons, échalotes Tout le monde connaît le refrain : « Faites chauffer un peu d'huile et faites-y frire l'oignon haché jusqu'à ce qu'il soit translucide/légèrement doré/bien doré, etc. » Il m'est arrivé de cuisiner pour des gens qui ne consomment pas d'oignon : c'est terrible, on a l'impression de ne plus avoir de nez.

olives J'aime les grosses olives juteuses de Kalamata. J'aime aussi les olives provençales marinées aux herbes ; les olives orientales fourrées au citron, légères et rafraîchissantes ; les olives marocaines très salées, les noires sèches et un peu âcres (tout le monde ne les aime pas ; moi, si). J'adore particulièrement les olives vertes provençales de variété lucques, pâles et allongées, au délicat goût de noisette. Je garde aussi des bocaux de tapenade verte ou noire. Parfois, je prépare un sandwich simplissime mais délicieux : une quinzaine d'olives dénoyautées dans une baguette chaude.

piments Rouges : je préfère les piments oiseaux ou les piments frais vietnamiens, les autres manquant de piquant. Verts : toujours frais ; seulement quand je fais un curry vert thaïlandais.

pois chiches et haricots en conserve. Parfaits pour les gratins, les ragoûts, les salades. Je les réduis également en purée pour confectionner des pâtes et des hoummos, plus ou moins mixés selon l'inspiration. J'ajoute de l'huile d'olive, lentement (autant que le mélange peut en contenir, en général 4 cuillerées à soupe) ; 2 cuillerées à soupe d'eau de conserve, 1 gousse d'ail écrasée, 1 pincée de cumin en poudre et un trait de Tabasco. Le jus de citron peut être ajouté à la préparation ou proposé à part. Servez dans des pains pitas ou dans des feuilles d'endive ; ou comme accompagnement d'un taboulé ; ou allongez d'un peu d'eau pour en assaisonner la salade.

paprika Le plus rouge est le meilleur ; je l'achète en grande quantité dans les alimentations orientales. Je le préfère doux, mais certains l'aiment piquant. Les meilleures qualités proviennent de Hongrie. Il existe également un paprika fumé qu'il faut utiliser avec précaution en raison de son arôme puissant. Cette épice se marie délicieusement avec le cumin dans la cuisine mauresque. Conservez-le, comme toutes les épices, dans un bocal bien fermé et dans un lieu sombre et sec.

parmesan Il mériterait qu'on lui écrive des poèmes. Le plus goûteux est le parmigiano reggiano. Achetez-en un morceau et râpez-le à mesure de vos besoins. J'en ai rapporté un gros pavé d'Italie, enveloppé dans du papier paraffiné, et je n'ai pas regretté mon achat une seconde. Ne gaspillez pas vos sous pour des sachets de sciure de bois.

pâtes Spaghetti, linguine, pappardelle, orecchiette, cavatelli… On les trouve partout, et il y a toujours un traiteur italien non loin de chez soi.

pastis Sa place est dans le placard à apéritifs, mais il en sort de temps à autre pour donner un coup de main à son ami le fenouil.

pesto Je le prépare moi-même, et pas toujours selon les règles (page 15).

polenta Semoule de maïs grosse ou fine, jaune ou blanche, crue ou précuite. Je préfère la précuite, qui par définition cuit plus vite. J'y ajoute (tant pis pour la diététique) beaucoup de beurre, de parmesan, de l'huile d'olive, et je la prépare avec un bouillon léger.

riz Du basmati pour tout ce qui est oriental. Pour le risotto, l'*arborio* est le plus adaptable, le *carnaroli* est le plus crémeux, le *vialone nano* cuit le plus vite. Le riz rond complet est destiné aux jours d'abstinence et de sagesse alimentaire. Il est, soit dit en passant, délicieux en paella. C'est aussi le cas du riz complet à cuisson rapide. Utilisez du riz espagnol pour paella, le vrai valencia, quand vous en trouvez.

safran Préférez les filaments de safran d'Espagne ou de Sardaigne. Il faut un demi-million de fleurs pour produire 1 kilo de stigmates de safran. Gardez-les au frais, bien emballés. Je ne vois aucun intérêt à acheter du safran en poudre ; il est moins cher mais il faut en utiliser davantage.

sel marin Le gros sel gris pour la cuisine, la fleur de sel à émietter entre vos doigts sur les salades et les plats juste avant de servir, le sel fin pour la pâtisserie.

tamari C'est une sauce de soja pure, non additionnée de blé comme le sont les sauces de marques courantes. Il en est question dans pratiquement toutes les recettes de ce livre, car, utilisé avec discernement, le tamari arrondit et approfondit tous les arômes.

tamarin C'est la pulpe d'un fruit tropical. Il faut la débarrasser de ses graines et l'allonger d'eau, mais on peut aussi trouver la pâte prête à l'emploi. Par souci de rapidité, je préfère celle-ci, bien qu'elle soit plus coûteuse.

tomates fraîches Il ne faut que quelques secondes pour les monder : plongez-les brièvement dans l'eau bouillante (de 10 à 30 secondes selon la maturité des tomates), retirez-les, rafraîchissez-les et pelez-les avec la pointe d'un couteau. Pour les épépiner, coupez-les en deux et pressez légèrement chaque moitié, ou retirez les graines avec une petite cuillère si vous en avez le temps.

tomates séchées Parce qu'elles m'ont dépannée plus d'une fois, passées au mixeur pour préparer une sauce. Les tomates longuement confites au four (page 16) sont meilleures : moins sèches, moins salées et faciles à préparer. Vous pouvez également prendre un bon concentré de tomates ; additionné de crème fraîche, c'est peut-être la plus simple des sauces pour pâtes, et non la moins délicieuse.

vin Là, j'ai un problème, parce que mon mari n'en boit pas – et moi, une goutte et me voilà partie. Or, comme j'aime le vin dans la cuisine, je rends grâce à Nigella Lawson qui conseille de le congeler en sachets, 20 ou 25 cl à la fois. C'est simple, mais il fallait y penser, notamment pour les fonds de bouteilles de fin de soirée.

vinaigre balsamique La meilleure qualité est incomparable, âgée jusqu'à trente ans en fûts, hors de prix. Le moins cher est tout sauf du vinaigre balsamique, juste du vinaigre corsé avec du caramel. Je trouve ça mieux que rien – enfin presque.

vinaigre de vin blanc Je n'en suis pas fanatique, mais il est toujours à portée de main pour les vinaigrettes.

secrets de placard

Voici quelques délicieuses sauces à préparer en un clin d'œil à peine rentrée chez vous, n'importe quel soir de semaine. Vous pouvez aussi les faire à l'avance, relax, un dimanche après-midi.

pesto au basilic

2 grosses gousses d'ail, très finement hachées ou écrasées
60 g de pignons de pin
60 g de basilic très frais, en botte
60 g de parmesan fraîchement râpé
15 cl d'huile d'olive légère
fleur de sel

Dans un mortier, pilez l'ail et les pignons, puis ajoutez les feuilles de basilic, quelques-unes à la fois, en les écrasant contre les parois du mortier. Pilez jusqu'à obtention d'une pâte homogène. Incorporez le parmesan râpé, puis l'huile d'olive en filet, sans cesser de battre avec le pilon. Ajoutez un peu de fleur de sel.

pesto à la coriandre

les feuilles d'une grosse botte de coriandre (180 g environ)
2 cuil. à soupe d'amandes entières
6 gousses d'ail, finement hachées ou écrasées
4 cuil. à soupe d'huile d'olive légère
le jus de 1 citron vert
1/2 cuil. à café de Tabasco
1 cm de piment rouge frais, très finement haché
fleur de sel

Hachez les feuilles de coriandre avec un couteau très tranchant. Pilez les amandes dans un mortier ou au mixeur. Mélangez ces ingrédients avec l'ail, ajoutez les ingrédients restants et une pincée de fleur de sel.

pesto au cresson

90 g de feuilles de cresson finement hachées
4 cuil. à soupe d'huile d'olive légère
1 cuil. à café de vinaigre balsamique
4-6 gousses d'ail, hachées
1 échalote, très finement hachée
1 cuil. à soupe d'amandes en poudre (facultatif)
fleur de sel

Je préfère mélanger ce pesto à la main pour éviter de le réduire en purée. Mélangez tous les ingrédients et servez sur des pâtes, sur des légumes grillés ou du pain grillé.

pesto vite fait à la tomate

12 quartiers de tomate confite au four (page 16)
30 g de parmesan fraîchement râpé
1 cuil. à soupe d'huile d'olive
2 gousses d'ail, écrasées
4-5 feuilles de basilic
fleur de sel, poivre noir du moulin

Passez au mixeur les tomates, le parmesan, l'huile et l'ail. Ajoutez le basilic émietté, salez et poivrez. Servez-vous de ce pesto au lieu de sauce tomate, pour garnir des soupes ou sur un toast grillé, recouvert d'un œuf poché. Cette recette vous donnera 150 g de pesto (2 bonnes portions).

la vinaigrette de maman

Une vinaigrette épaisse, dorée, bien moutardée, délicieuse et originale. Elle transfigure n'importe quelle salade, de la plus simple laitue aux légumes (artichauts, asperges…). J'en prépare un grand bocal pour plusieurs semaines. Si vous voulez en faire autant, triplez ou quadruplez les quantités données.

1 cuil. à dessert de moutarde anglaise en poudre
4 cuil. à soupe d'huile d'olive ou de tournesol
1 gousse d'ail, écrasée
1 cuil. à café de vinaigre de vin blanc
1 pincée de fleur de sel, poivre noir du moulin

Versez la moutarde en poudre dans un bol et battez bien avec une fourchette en ajoutant l'huile en filet. Mélangez soigneusement. Ajoutez l'ail et le vinaigre en battant vigoureusement. Salez et poivrez légèrement. Pour aller plus vite, réunissez tous les ingrédients dans un bocal, fermez celui-ci et secouez bien.

vinaigrette à l'huile d'olive, au vinaigre balsamique et à la moutarde de Meaux

1 cuil. à dessert de moutarde de Meaux (moutarde en grains)
1 cuil. à café de vinaigre balsamique
4 cuil. à soupe d'huile d'olive
1 pincée de fleur de sel, poivre noir du moulin
1 brin d'estragon frais (facultatif)
1 gousse d'ail, écrasée (facultatif)

Mettez la moutarde dans un bocal à fermeture hermétique, ajoutez le vinaigre, puis l'huile. Salez, poivrez, fermez le bocal et secouez-le vigoureusement. Ajoutez l'estragon et/ou l'ail si vous les utilisez.

tomates confites au four

Les tomates olivettes bien mûres et les tomates en grappes (de bonne qualité) conviennent parfaitement pour cette recette. L'été, vous pouvez la réaliser avec des tomates de plein champ que vous trouverez sur les marchés ; et si vous avez la chance de cultiver vos tomates dans un jardin, profitez-en.

850 g de tomates mûres coupées en quartiers
3 cuil. à soupe d'huile d'olive
1 cuil. à café de fleur de sel
1 poignée de feuilles de basilic frais, grossièrement hachées
2 gousses d'ail, émincées en fines lamelles
1 pincée de vergeoise brune
1 cuil. à café de vinaigre balsamique

Préchauffez le four à 190 °C (th. 5-6). Répartissez les quartiers de tomate sur une plaque. Nappez-les généreusement des autres ingrédients mélangés, faites rôtir 1 heure, puis éteignez le four et laissez refroidir sans ouvrir la porte. Ces tomates se conservent des semaines dans un récipient à fermeture hermétique ; vous vous en servirez dans des sauces, dans des salades ou avec des pâtes.

et des vinaigrettes minutes à la fin

chermoula

Cette sauce merveilleuse élargira presque à l'infini votre répertoire culinaire. C'est une marinade traditionnelle marocaine pour le poisson qui convient également très bien aux légumes. Riche et complexe, elle s'adapte pourtant à toutes les situations et à tous les produits.

les feuilles d'une grosse botte de coriandre, très finement hachées
les feuilles d'une grosse botte de persil plat, très finement hachées
6 grosses gousses d'ail, très finement hachées ou écrasées
1-2 cuil. à soupe de cumin en poudre
1 cuil. à soupe de paprika doux
1 grosse pincée de piment de Cayenne ou 1/2-1 cuil. à café de harissa
le jus de 2 citrons
30 cl d'huile d'olive extra-vierge

Mélangez tous les ingrédients ; vous obtiendrez une grande quantité de sauce, mais elle se conserve très bien dans un bocal à fermeture hermétique (attention ! son odeur peut envahir votre réfrigérateur si le récipient n'est pas bien fermé).

citrons confits au sel

Faciles à préparer, pratiques, ces citrons se conserveront plusieurs semaines. Servez-les hachés avec des olives vertes pour l'apéritif ou pour accompagner n'importe quel plat d'inspiration mauresque proposé dans ce livre. Un peu de citron confit haché, un peu d'ail écrasé, de l'huile d'olive : vous obtenez une vinaigrette originale et délicieuse.

3 citrons bio, non paraffinés, à peau épaisse
3 cuil. à soupe de fleur de sel
le jus de 3 citrons

Fendez les citrons en quartiers dans le sens de la longueur mais sans les détacher du côté de la queue. Farcissez-les de sel et déposez-les dans un grand bocal (de préférence à joint de caoutchouc). Recouvrez du reste de sel. Fermez, laissez reposer 3 jours. Au bout de ce temps, les citrons auront commencé à s'attendrir et à exsuder leur jus. Ajoutez alors le jus de citron, refermez le bocal et laissez reposer un mois, dans un endroit sombre et frais, avant d'utiliser les citrons.

« Des sauces, des condiments que vous pouvez préparer en quelques d'une journée de travail. »

1

Antipasti et autres amuse-gueules

J'aime la philosophie « mézès » pour composer un repas – tapas, antipasti, zakouski, un petit morceau par-ci, un petit morceau par-là. Certains préfèrent commencer un repas par une entrée classique, mais nous aimons tous ces petits plats légers et attrayants. Et souvent, nous n'avons besoin de rien d'autre.

Fromage de chèvre à l'huile d'olive

C'est le petit déjeuner de mes amies Anjalika et Azeema, et le mien aussi à l'occasion, bien que mon mari fasse la grimace. Lui, il est très porridge – mais c'est un Néo-Zélandais, et moi je suis méditerranéenne jusqu'au bout des ongles. Choisissez du fromage de chèvre frais ou demi-sec, moelleux et crémeux. Ne lésinez pas sur l'huile d'olive. Cet en-cas peut constituer un repas léger si vous y ajoutez une ou deux tomates bien mûres, quelques olives noires et un morceau de pain chaud ou grillé.

2-4 PERSONNES
150 g de fromage de chèvre frais et crémeux
4 cuil. à soupe au moins de très bonne huile d'olive extra-vierge fruitée
fleur de sel, poivre noir du moulin

C'est on ne peut plus simple. Répartissez le fromage de chèvre dans les assiettes, aplatissez-le avec le dos d'une cuillère et arrosez-le d'huile d'olive. Saupoudrez de quelques grains de fleur de sel, d'un peu de poivre noir grossièrement moulu, et voilà.

« Pour un repas léger, ajoutez une ou

deux tomates mûres, quelques

Frites de patate douce rôties au pesto de coriandre

La dernière fois que j'ai préparé ces frites, je les ai conservées au réfrigérateur, pensant les servir le lendemain. Et comme mon mari en piquait une à chaque fois qu'il ouvrait la porte et que j'en faisais autant, le lendemain il ne restait plus rien. Elles se servent comme vous voulez : chaudes ou froides, aujourd'hui ou demain.

4 PERSONNES
1 kg de patates douces, lavées, brossées, non pelées, taillées en frites
3 cuil. à soupe d'huile d'olive
fleur de sel, poivre noir du moulin
4 cuil. à soupe de pesto de coriandre (page 15)

Préchauffez le four à la température maximale.

Étalez les frites de patate douce dans un plat à gratin, arrosez-les d'huile, saupoudrez-les de sel et de poivre.

Faites rôtir 25 minutes jusqu'à ce que les frites soient croustillantes par endroits. Débarrassez-les dans un plat creux, ajoutez le pesto de coriandre et mélangez.

olives noires et un peu de pain chaud. »

Artichaut, tapenade, mozzarella
et roquette sur baguette chaude

C'est le principe du *panino* italien, en bien meilleur grâce à la baguette croustillante. Choisissez une baguette de qualité ou un très bon pain de campagne.

4 PERSONNES
1 baguette fraîche
4 cuil. à soupe de tapenade verte
8 cœurs d'artichaut rôtis et conservés à l'huile d'olive
150 g de mozzarella taillée en tranches
2 cuil. à soupe d'huile d'olive
poivre noir du moulin
1 trait de très bon vinaigre balsamique
4 poignées de roquette lavée et essorée

Préchauffez le four à la température maximale.

Séparez la baguette en deux moitiés et taillez chacune en deux tartines dans le sens de la longueur. Tartinez chaque moitié de tapenade verte. Coupez les cœurs d'artichaut en deux dans le sens de la hauteur et répartissez-les sur les tartines. Enduisez les tranches de mozzarella d'un peu d'huile d'olive et répartissez-les également sur les tartines.

Faites cuire au four 5-7 minutes, jusqu'à ce que la mozzarella soit fondue. Poivrez au sortir du four.

Assaisonnez la roquette avec le reste de l'huile d'olive et le vinaigre balsamique ; servez la roquette sur les tartines ou à côté.

Aubergines fumées à l'ail et au citron

Si vous avez la chance de disposer d'une cuisinière à gaz munie d'au moins deux grands feux, vous pourrez préparer deux aubergines à la fois. Dans le cas contraire, à raison de 7 minutes par aubergine et à condition de les choisir fines et longues, vous ne perdrez pas de temps. Bien entendu, vous pouvez aussi les faire noircir sous le gril du four, mais seule la flamme directe donne ce délicieux arôme fumé.
Ce mets est excellent avec du pain chaud ou grillé. Pour constituer l'entrée d'un repas oriental, servez-le avec les fèves au cumin (page ci-contre) ou avec une salade de pois chiches ou de haricots, assaisonnée de la même façon ou juste arrosée d'huile d'olive et de citron. Si vous avez un peu de chermoula (page 17) au réfrigérateur, ajoutez-en 1 cuillerée à soupe : vous porterez ces aubergines aux nues.

2 PERSONNES
2 aubergines longues et fines
2-3 cuil. à soupe d'huile d'olive, ou selon goût
le jus de 1/2 citron
un trait de Tabasco
fleur de sel
1 grosse gousse d'ail, taillée en très fines tranches
quelques feuilles de basilic ou de coriandre émiettées

Si vous préparez les aubergines sur la flamme du gaz, posez une grille (de préférence usagée) sur feu très vif et déposez-y une aubergine ou deux. Vous pouvez aussi préchauffer le gril du four, y placer une grille à 15 cm et une feuille d'aluminium fort sur la sole du four. Placez les aubergines sur la grille quand le gril est bien chaud.

La peau des aubergines commence bientôt à noircir. Donnez-leur un quart de tour afin de les faire noircir sur toute leur surface. Quand vous les jugez assez noircies, piquez-les avec une fourchette pour tester la tendreté de la chair : elle ne doit présenter aucune résistance.

Retirez les aubergines du feu et taillez-les en quartiers dans le sens de la longueur mais sans pénétrer jusqu'au centre. Remettez sur/sous le gril et faites griller encore 1 minute en retournant les aubergines avec précaution. Si vous préparez une aubergine à la fois, réservez-en une sur une assiette pendant que vous vous occupez de l'autre.

Mélangez l'huile d'olive, le jus de citron, le Tabasco et le sel. Arrosez-en les aubergines en vérifiant que la vinaigrette pénètre bien entre les tranches.

Garnissez d'ail finement tranché, de basilic ou de coriandre fraîche, et servez avec du pain chaud (pita, baguette ou pain de campagne).

Fèves au cumin,
au paprika et à l'huile d'olive

Un plat robuste, aux saveurs fortes. Les fèves n'ont pas besoin d'être pelées. Servez-les comme élément d'un repas méditerranéen.

2 PERSONNES
375 g de fèves surgelées
3 cuil. à soupe d'huile d'olive
1 cuil. à soupe de cumin en poudre
1 cuil. à soupe de paprika bien rouge (prévoyez-en un peu plus pour le service)
1 gousse d'ail, écrasée
1 trait de Tabasco
1 cuil. à café de tamari
fleur de sel, poivre noir du moulin
3 cuil. à soupe de yaourt grec
quelques brins de coriandre fraîche pour la garniture
1 citron coupé en quartiers

Portez à ébullition de l'eau dans une casserole et faites-y cuire les fèves 6-7 minutes.

Pendant ce temps, faites chauffer l'huile sur feu doux dans une poêle ou une casserole à fond épais. Faites-y frire le cumin et le paprika en ajoutant 1-2 cuillerées à soupe d'eau pour les empêcher de brûler, puis ajoutez l'ail. Remuez continuellement en ajoutant un peu d'eau à mesure que le mélange absorbe le liquide. Vous devez obtenir une pâte épaisse.

Égouttez les fèves en réservant l'eau de cuisson, et ajoutez-les immédiatement au contenu de la poêle. Ajoutez le Tabasco, le tamari, salez et poivrez.

Faites cuire encore 2 minutes. Si la préparation se dessèche, ajoutez un peu d'eau de cuisson des fèves.

Servez dans un saladier, garni de yaourt grec (vous pouvez le servir à part), saupoudré de paprika et décoré de coriandre fraîche. Accompagnez de quartiers de citron.

Mes tomates provençales

Cette entrée se suffit à elle-même, c'est un régal avec un peu de pain frais. Comme élément d'un repas léger, j'aime l'accompagner d'un bol de légumes verts pochés ou grillés, de riz basmati et d'un bon filet d'huile d'olive. Pour un repas plus consistant ou un dîner d'amis, servez ces tomates avec les aubergines fumées (page 24). Comme vous pouvez préparer les deux en même temps sans difficulté (à condition de griller les aubergines sur un feu à gaz), vous serez sortie de votre cuisine à l'heure prévue.

2-4 PERSONNES
500 g de tomates (8 environ) coupées en deux dans le sens horizontal
4 gousses d'ail, finement écrasées
50 g de chapelure fine
3 cuil. à soupe de persil plat finement haché
fleur de sel, poivre noir du moulin
3 cuil. à soupe de parmesan ou d'emmental râpé
1 cuil. à soupe d'huile d'olive

Préchauffez le four à 200 °C (th. 6-7).

Déposez les tomates, face coupée vers le haut, dans un plat à gratin.

Mélangez à la main l'ail, la chapelure, le persil, sel et poivre. Répartissez ce mélange équitablement sur les tomates, saupoudrez de fromage râpé et arrosez d'huile d'olive. Mettez au four et faites légèrement dorer (15 minutes environ). Servez immédiatement.

« Pour un dîner d'amis, servez ces tomates avec les aubergines fumées. »

Courgettes grillées au citron et au yaourt

Claudia Roden, dans son *Histoire de la cuisine juive* (à mon avis le meilleur livre de cuisine jamais écrit, non traduit en français), donne une recette de courgettes au yaourt et à la menthe. Or, bien que née au Maroc, je n'ai pas une passion pour la menthe. En revanche, j'adore les courgettes grillées et j'en consomme souvent (gril en fonte ou gril du four, c'est à vous de voir). J'ai servi ce plat en entrée, en accompagnement de la tourte aux pommes de terre safranées, à la fontina et aux épinards (page 120), et en repas léger avec du pain arabe et une salade de tomates, de céleri et de concombre très finement émincés, additionnés d'une cuillerée de câpres et de persil grossièrement haché.

4 PERSONNES
4 grosses courgettes fermes (500 g en tout), taillées dans le sens de la longueur en tranches de 1/2 cm d'épaisseur
3 cuil. à soupe d'huile d'olive légère
fleur de sel
35 cl de yaourt grec
le jus de 1/2 citron
1 gousse d'ail, écrasée
menthe ou basilic frais pour la garniture (facultatif)
1 cuil. à soupe de pignons de pin légèrement grillés ou de pistaches grossièrement concassées

Préchauffez le gril du four ou un grand gril en fonte. Badigeonnez d'huile les tranches de courgette sur les deux faces, saupoudrez d'un peu de fleur de sel. Étalez les tranches sur une plaque ou sur le gril et faites bien saisir et dorer sur les deux faces.

Pendant ce temps, mélangez le yaourt, le jus de citron et l'ail.

Laissez brièvement tiédir les courgettes (afin que la sauce au yaourt ne se liquéfie pas), puis déposez-les dans un plat, une couche à la fois. Recouvrez chaque couche d'un peu de sauce au yaourt, puis d'une autre couche de courgettes, et ainsi de suite jusqu'à épuisement des ingrédients. Garnissez des herbes et des pignons ou des pistaches.

Si possible, laissez reposer quelques minutes avant de consommer.

Cœurs de palmier à la réunionnaise,
au safran, à l'ail et au piment

Récemment, au cours du mariage de mes amis Harriet et Steve, quelqu'un me demanda si je connaissais l'île de la Réunion, où il venait de passer une semaine idyllique avec son épouse. « Non, désolée », répondis-je. Le soir même, je prenais le train pour Paris avec mon mari. Le lendemain, alors que nous flânions du côté de Montparnasse, j'aperçus une enseigne qui nous invitait à découvrir, dans une petite rue, un restaurant réunionnais. Il n'y a pas de hasard, me dis-je. Nous sommes entrés. Cinq minutes plus tard, nous étions à table – il faisait si chaud qu'on aurait pu se croire sur une île de l'océan Indien –, et je commandai en entrée les cœurs de palmier à la réunionnaise. Les voici.

2 PERSONNES
1 cuil. à soupe d'huile d'olive
2 gousses d'ail, taillées en tranches fines
400 g de cœurs de palmier en boîte, égouttés et coupés en deux dans le sens de la longueur
1 cm de piment rouge frais, très finement haché
1 belle pincée de safran diluée dans 12 cl d'eau bouillante
1 petite tomate bien mûre, mondée (page 14), épépinée et concassée (facultatif)

Faites chauffer l'huile dans une casserole à fond épais ou dans une poêle, faites-y frire l'ail sur feu doux sans lui laisser prendre couleur.

Ajoutez les cœurs de palmier et le piment. Faites revenir 1 minute en secouant légèrement la poêle.

Ajoutez, petit à petit, sur feu vif, l'infusion de safran. Versez-en d'abord un peu et faites évaporer avant d'en ajouter encore 1-2 cuillerées. Si les cœurs de palmier attachent, ajoutez encore un peu d'eau, petit à petit. Arrêtez la cuisson lorsqu'il y a suffisamment de sauce dorée pour napper le fond du récipient. Les cœurs de palmier seront attendris et un peu défaits, mais c'est ainsi que je les ai appréciés au restaurant. Si vous voulez les garder plus croquants, réduisez le temps de cuisson et préparez-les sur feu plus doux. En toute fin de cuisson, ajoutez la tomate (si vous l'utilisez), et servez chaud.

Toasts aux noix et aux raisins
avec deux garnitures

Un déjeuner inventé un samedi midi, à toute vitesse (entre le nettoyage à sec et le shopping au supermarché), et léger, car nous allions sortir pour le dîner. J'avais déjà au réfrigérateur une demi-courge déjà rôtie, mais même en partant de zéro vous aurez vite fait.

4 PERSONNES
1 petite courge musquée ou courge sucrine (n'utilisez que la partie arrondie)
1 cuil. à soupe d'huile d'olive
1 cuil. à café de tamari
1 trait de Tabasco
8 tranches de pain aux noix et aux raisins
8 cuil. à soupe de pesto, n'importe lequel
1 petit avocat mûr mais ferme, pelé et coupé en tranches
12-16 quartiers de tomate confite (page 16)

Préchauffez le four à 200 °C (th. 6-7). Pelez la courge, retirez le cœur et les graines et taillez la chair en demi-lunes de 1/2 cm d'épaisseur.

Mélangez l'huile d'olive, le tamari et le Tabasco. Badigeonnez les tranches de courge de ce mélange, déposez-les dans un plat à gratin et faites cuire 15-20 minutes au four ; elles doivent être tendres.

Faites griller les tranches de pain et tartinez-les de pesto. Sur 4 toasts, déposez 3-4 tranches de courge rôtie, recouvrez d'un peu de pesto. Sur les toasts restants, déposez les tranches d'avocat et quelques quartiers de tomate confite.

Servez 2 toasts par personne.

Taboulé aux pois chiches et au tzatziki

Ajouter des pois chiches à un taboulé, c'est en faire un petit repas en soi. Un peu de yaourt bien aillé par-dessus le marché, et c'est un petit festin. Si vous êtes en quête d'authenticité, servez-vous de feuilles de salade comme de cuillères pour déguster ce plat.

4 PERSONNES
180 g de boulghour moyen
400 g de pois chiches en conserve, égouttés
500 g de tomates mûres et fermes, mondées (page 14), épépinées et taillées en petits dés
le jus de 1 citron
4 oignons blancs nouveaux, taillés en tranches fines
les feuilles d'une grosse botte de persil plat, grossièrement hachées
les feuilles d'une botte de coriandre ou de menthe (60 g environ), hachées
6 cuil. à soupe d'huile d'olive extra-vierge
fleur de sel, poivre noir du moulin
4 petits cœurs de laitue ou 4 endives, effeuillées, pour le service

tzatziki
25 cl de yaourt grec
1/2 concombre grossièrement haché, saupoudré de sel et égoutté 30 minutes
2 gousses d'ail, écrasées
1 cuil. à soupe de menthe ou de coriandre fraîche, finement hachée

Dans un saladier, versez le boulghour, couvrez-le de son volume d'eau bouillante. Laissez gonfler 15-20 minutes.

Ajoutez le reste des ingrédients, sauf la salade. Mélangez doucement et laissez reposer quelques minutes.

Pendant ce temps, essorez le concombre dans vos mains, mélangez-le aux autres ingrédients du tzatziki dans le saladier de service.

Servez côte à côte le saladier de taboulé et le saladier de tzatziki, les feuilles de salade à part. Les convives prendront un peu de taboulé ou de tzatziki dans une feuille et mangeront le tout ensemble.

Kasha aux herbes et à l'huile d'olive, un œuf en plus

Le sarrasin en grain légèrement grillé (*kasha*) change agréablement du riz complet. Comme lui, c'est une nourriture terrienne et confortable, un antidote parfait aux plats trop riches. Il a l'avantage de cuire très vite. Je l'aime accompagné de légumes verts : pour moi, c'est un petit festin.

4 PERSONNES
4 cuil. à soupe d'huile d'olive
2 oignons blancs nouveaux, finement hachés
1 gousse d'ail, très finement écrasée ou hachée
350 g de sarrasin (*kasha*)
2 cuil. à café de tamari
1 trait de Tabasco
2 gros œufs bio
le jus de 1/2 citron
fleur de sel, poivre noir du moulin
2-3 cuil. à soupe de persil plat et de ciboulette grossièrement hachés
8-10 tranches de cèpes séchés, trempées 10 minutes dans de l'eau bouillante avec un trait de tamari
1 cuil. à soupe d'algues *nori* en flocons (facultatif)
1 cuil. à soupe de graines de sésame

Faites chauffer la moitié de l'huile d'olive dans une poêle ou dans une casserole à fond épais, ajoutez 1 oignon haché et l'ail. Faites frire doucement jusqu'à ce que l'oignon soit transparent.

Ajoutez le sarrasin, remuez. Faites revenir quelques minutes en remuant avec une spatule jusqu'à ce que l'odeur, caractéristique, se dégage.

Couvrez d'eau bouillante, ajoutez le tamari et le Tabasco, baissez le feu, couvrez et faites cuire 10 minutes sur feu doux.

Dans un bol, battez les œufs avec le jus de citron, du sel, du poivre, et la majeure partie des herbes hachées. Le sarrasin doit être tendre et gonflé, un peu fondu par endroits. S'il n'a pas encore atteint ce stade, ajoutez un peu d'eau et laissez cuire jusqu'à absorption complète.

Ajoutez alors les cèpes, puis incorporez rapidement les œufs battus. Remuez bien jusqu'à ce que l'œuf soit cuit. Retirez du feu, ajoutez le reste de l'huile d'olive et répartissez immédiatement dans quatre bols. Garnissez d'algues en flocons, de sésame et du reste d'herbes et d'oignon hachés.

2

Soupes, laksa, tout dans un bol

Les conserves au panier, les briques à la poubelle. Adieu sachets, bonjour mixeur. Si vous avez réussi à vous persuader que c'est aussi bon tout préparé, vous avez tort. Faire de bonnes soupes, ça ne s'oublie pas – c'est comme lacer ses chaussures.

Vichyssoise aux poireaux
et aux feuilles de kaffir

Ce potage se sert chaud ou froid. Si vous le servez froid, allongez-le avec un peu de bouillon. Les feuilles de citronnier kaffir (ou makrut, ou combava) se trouvent en sachets dans les alimentations asiatiques (c'est un condiment de la cuisine malaise ou thaïlandaise).

4 PERSONNES
60 g de beurre
1 petit oignon, haché
4 gros blancs de poireau, nettoyés et finement émincés
3 gousses d'ail, pelées
1 grosse pomme de terre, pelée et coupée en gros dés
1 pincée de noix de muscade fraîchement râpée
80 cl de bouillon de légumes réalisé avec 1/2 cube
4 feuilles de citronnier kaffir, écrasées au rouleau mais non déchirées
1 cuil. à soupe de crème fraîche
gros sel marin, poivre blanc du moulin

Faites fondre le beurre dans une casserole à fond épais. Ajoutez l'oignon, les poireaux et l'ail, faites suer jusqu'à ce que les légumes deviennent translucides.

Ajoutez la pomme de terre, la noix de muscade et une partie du bouillon. Faites bouillir 5 minutes sur feu vif, puis ajoutez le reste du bouillon et les feuilles de kaffir. Faites cuire sur feu doux 10 minutes ou jusqu'à ce que la pomme de terre soit cuite. Retirez les feuilles de kaffir.

Passez la soupe au mixeur, remettez-la sur feu doux le temps d'incorporer la crème. Salez, poivrez, et servez avec de la baguette bien croustillante.

Si vous servez cette vichyssoise froide, laissez-la entièrement refroidir, réservez-la au moins 4 heures au réfrigérateur et rectifiez l'assaisonnement au moment de porter à table.

Potage de carottes aux amandes

Un bref regard à la liste des ingrédients et je vous entends déjà dire : « C'est tout ? Un peu trop simple, non ? » Eh bien ! oui, c'est simple. Et selon mon expérience, c'est une soupe délicate, nullement insipide. Si délicate, d'ailleurs, que je ne la prépare pas n'importe quand : il faut que j'aie l'humeur délicate. Car chez moi, il y a un temps pour la soupe de tomates accompagnée d'une portion de brie, comme il y a un temps pour le potage de carottes. Même le persil trouble un peu cette délicatesse, et je préfère moi-même ne pas l'ajouter. J'attends de cette soupe toute la douceur dont elle est capable, douceur au palais et douceur à l'estomac. Donc pas de coriandre, et encore moins d'orange : elle a trop voisiné avec la carotte dans les années 90, même si la salade marocaine de carottes à l'orange était un délice.

2 PERSONNES
1 cuil. à soupe d'huile de tournesol
1 petit oignon, grossièrement haché
375 g de carottes pelées et grossièrement émincées
1 gousse d'ail entière, pelée
40 cl de bouillon de légumes préparé avec 1/2 cube
30 g d'amandes en poudre
gros sel marin, poivre noir du moulin
1 cuil. à soupe de persil plat finement haché (facultatif)
1 trait de tamari (facultatif)

Faites chauffer l'huile dans une casserole et faites-y frire l'oignon jusqu'à ce qu'il soit translucide. Ajoutez les carottes, l'ail et 3 cuillerées à soupe de bouillon. Faites cuire doucement 1-2 minutes.

Pendant ce temps, diluez dans un petit bol la poudre d'amandes avec 3 cuillerées à soupe de bouillon afin d'obtenir une crème.

Ajoutez aux carottes le reste du bouillon et faites cuire sur feu doux, à couvert, jusqu'à ce que les carottes soient cuites. Incorporez alors la crème d'amandes et passez au mixeur jusqu'à obtention d'une consistance lisse et homogène. Allongez avec un peu de bouillon si nécessaire.

Salez, poivrez, garnissez de persil et ajoutez un trait de tamari si vous voulez, et servez avec de la baguette chaude, légèrement beurrée.

Crème de fenouil au pastis

Le bouquet subtilement anisé du fenouil longuement mijoté se trouve exalté par un trait de pastis. Il m'arrive d'ajouter une cuillerée ou deux d'amandes en poudre au fenouil juste avant de le mixer pour rendre la soupe un peu plus substantielle. Vous pouvez essayer les deux versions.

4 PERSONNES
2 cuil. à soupe d'huile d'arachide ou 30 g de beurre
1 échalote, finement hachée
3 gros bulbes de fenouil parés, grossièrement hachés (gardez les côtes extérieures entières et réservez les jeunes pousses vertes)
1,75 litre de bouillon de légumes préparé avec 1,5 cube
2 gousses d'ail entières, pelées
gros sel marin, poivre blanc du moulin
2 cuil. à soupe de crème fraîche
2 cuil. à soupe de pastis

Faites chauffer l'huile ou le beurre dans une casserole à fond épais. Faites-y revenir l'échalote et le fenouil (en incluant les côtes extérieures) 10 minutes sur feu doux à moyen.

Ajoutez le bouillon et l'ail. Salez, poivrez, et faites cuire 15 minutes à couvert.

Retirez et éliminez les côtes extérieures du fenouil. Passez la soupe au mixeur.

Remettez la soupe sur le feu, le temps d'incorporer la crème et le pastis. Servez dans des bols, et garnissez la surface des pousses de fenouil réservées.

Soupe de fèves aux tomates séchées, à la tapenade et au yaourt

Ce n'est pas la seule recette de ce livre où le cumin et le paprika se voient associés aux fèves, mais Annabel, mon assistante, m'a dit : « Je n'y aurais pas pensé, et c'est délicieux. Il faut absolument garder cette recette. » Alors voilà.

2-4 PERSONNES
1 cuil. à soupe d'huile d'olive
1 oignon, finement haché
4 gousses d'ail, écrasées
1,5 cuil. à soupe de cumin en poudre
1 cuil. à soupe de paprika
1,5 litre de bouillon de légumes chaud préparé avec 2 cubes
1 kg de fèves surgelées
1,5 cuil. à café de tamari
un bon trait de Tabasco
gros sel marin, poivre noir du moulin

pour le service
4 tomates séchées à l'huile d'olive, découpées en petits morceaux avec des ciseaux
4 cuil. à dessert de tapenade d'olives noires (ou 6 olives noires dénoyautées et hachées)
4 cuil. à soupe de yaourt grec
4 petits brins de basilic

Faites chauffer l'huile dans une casserole à fond épais. Ajoutez l'oignon et l'ail, faites suer jusqu'à ce qu'ils deviennent translucides.

Ajoutez le cumin, le paprika et 1 cuillerée à soupe de bouillon ; faites cuire doucement quelques minutes en remuant constamment pour éviter aux épices de brûler et d'attacher.

Ajoutez les fèves et le reste du bouillon, portez à ébullition et faites cuire à couvert 8-12 minutes, jusqu'à ce que les fèves soient tendres.

Passez au mixeur afin de réduire en une fine purée (vous pouvez réserver quelques fèves avant de mixer la soupe et les y remettre ensuite). Remettez sur le feu pour réchauffer, incorporez le tamari, le Tabasco et rectifiez l'assaisonnement en sel et en poivre.

Servez dans des bols et répartissez sur chacun les tomates séchées, la tapenade, 1 cuillerée à soupe de yaourt grec et un brin de basilic. Vous pouvez accompagner d'une fiole d'huile d'olive, d'un peu de bon pain arabe chauffé et, peut-être, d'une bonne tranche de feta grecque.

Potage de patates douces au tamarin

Quand j'étais petite fille, à Casablanca, mes goûters d'écolière consistaient souvent en une patate douce rôtie. On l'enveloppait dans une serviette, on la fendait dans le sens de la longueur et on dégustait l'intérieur, brûlant et fondant, avec une petite cuillère. Sans sel, sans poivre, sans rien. Franchement, la patate douce n'est jamais aussi bonne que préparée ainsi, et je vous conseille d'essayer... et de le faire essayer à vos enfants, et aux enfants de vos enfants. Mais bien sûr, comme j'adore les patates douces, il y en a plusieurs recettes dans ce livre, par exemple cette soupe facile et savoureuse.

4 PERSONNES
2 cuil. à soupe d'huile d'olive
1 oignon rouge, haché
4 gousses d'ail, écrasées
4 patates douces, pelées et grossièrement hachées
1 litre de bouillon de légumes préparé avec 1 cube
1 cuil. à soupe de tamari
le jus de 2 cm de gingembre frais râpé et pressé
1 trait de Tabasco
2 cuil. à soupe de pâte de tamarin
gros sel marin, poivre noir du moulin

Faites chauffer l'huile dans une casserole, ajoutez l'oignon et l'ail, faites suer 5 minutes.

Ajoutez les patates douces et faites légèrement dorer 5 minutes. Versez le bouillon, portez à ébullition, couvrez, baissez le feu et laissez frémir 10 minutes.

Incorporez le tamari, le jus de gingembre, le Tabasco et 1 cuillerée à soupe de pâte de tamarin. Salez, poivrez et mixez en une purée fine.

Servez dans des bols, décoré du reste de pâte de tamarin versée en spirale.

Soupe de courge sucrine
au chutney de mangue et au pesto de coriandre

Pour réaliser rapidement les meilleures soupes, ou des plats à l'étouffée, rien de tel que l'autocuiseur. Il est préférable de commencer et de terminer la cuisson sans pression, mais entre deux on gagne un temps fou. Choisissez une courge sucrine (de couleur beige, avec une partie allongée et une partie renflée contenant les graines) à chair orange vif ; à défaut, du potiron muscat à chair bien ferme ou du potimarron bien mûr. Si la chair vous semble insipide, ajoutez une carotte en rondelles.

4 PERSONNES
3 cuil. à soupe d'huile d'olive
1 oignon, émincé
3 gousses d'ail, finement hachées
1 belle courge sucrine, pelée, débarrassée de ses graines et coupée en petits dés
80 cl de bouillon de légumes chaud préparé avec 1 cube
1 cuil. à café de tamari
1 trait de Tabasco
le jus de 1/2 citron vert
gros sel marin, poivre noir du moulin
1 cuil. à soupe de chutney de mangue
3 cuil. à soupe de pesto de coriandre (page 15)
quelques pluches de coriandre fraîche

Faites chauffer l'huile d'olive dans une casserole à fond épais ou dans un autocuiseur. Faites-y revenir l'oignon et l'ail jusqu'à ce que l'oignon devienne translucide.

Ajoutez les dés de courge et faites-les frire jusqu'à ce qu'ils prennent légèrement couleur et s'attendrissent un peu. Remuez presque constamment, ajoutez de temps en temps un peu de bouillon pour empêcher la courge d'attacher. Variez l'intensité de la chaleur selon les besoins pendant 5 minutes, jusqu'à ce que tout le liquide soit absorbé.

Ajoutez le reste du bouillon. Fermez l'autocuiseur et faites cuire 10 minutes sous pression, sur feu doux. Si vous n'utilisez pas d'autocuiseur, faites cuire un peu plus longtemps, jusqu'à ce que la courge soit bien tendre. Retirez du feu.

Lorsque toute la vapeur est éliminée, retirez le couvercle et passez le contenu de la cocotte au mixeur. Ajoutez le tamari, le Tabasco, le jus de citron vert ; salez et poivrez.

Servez dans des bols, garni de chutney de mangue, de pesto de coriandre et de quelques pluches de coriandre fraîche.

Crème de petits pois

J'ai inventé cette recette un soir de Noël, quelques minutes avant l'arrivée de mes invités. La soupe était prête et, chose extraordinaire, le mixeur nettoyé et rangé avant même qu'on ne sonne à la porte. Les pois ont assez de texture pour vous dispenser d'ajouter de la pomme de terre, mais si vous désirez servir cette crème au déjeuner, en plat unique, procédez ainsi : pelez une pomme de terre moyenne par personne, taillez-la en petits dés et faites dorer à l'huile d'olive. Servez à part, chaque convive en ajoutera à sa soupe. N'oubliez pas d'accompagner de parmesan râpé.

4 PERSONNES
30 g de beurre
3 échalotes, finement hachées
2 gousses d'ail, écrasées
375 g de petits pois extra-fins surgelés
70 cl de bouillon de légumes chaud préparé avec 1,5 cube
3 cuil. à soupe de crème fraîche
gros sel marin, poivre noir du moulin
30 g de parmesan râpé

Faites chauffer le beurre dans une casserole, ajoutez les échalotes et l'ail. Faites revenir sur feu doux jusqu'à ce que les échalotes deviennent translucides.

Ajoutez les petits pois, couvrez du bouillon chaud et faites cuire sur feu doux 10 minutes environ.

Lorsque les petits pois sont tendres, passez le tout au mixeur. Remettez sur feu doux et incorporez la crème. Salez, poivrez, servez avec du parmesan.

Harira (soupe marocaine aux pois chiches)

Au Maroc, en période de ramadan, on consomme la harira chaque soir pour marquer la fin du jeûne. Quand j'étais petite, je partageais l'excitation des jeûneurs (mais pas leur faim de loup) à mesure que le soir approchait et que les arômes de cette soupe emplissaient la maison. Pour moi, c'était un délice. D'après ma mère, on y ajoutait parfois des fèves séchées et surtout de la viande de mouton, dont je n'ai pas besoin, pas plus que la soupe. La préparation en à peine plus de 20 minutes est un développement de la technologie moderne dont je ne me plains pas.
Pendant la cuisson de la soupe, vous aurez le temps de préparer une petite salade, par exemple des carottes râpées au jus d'orange avec de petits dés d'orange fraîche, un trait de jus de citron et une pincée de sucre (spécialité marocaine) ; ou de fines tranches de betterave parsemées d'oignon finement haché et de cumin en poudre. Vous pouvez aussi faire frire quelques tortillas de blé (page 76). Rien ne manquera à votre bonheur.

4 PERSONNES
2 cuil. à soupe d'huile d'olive, et un peu plus pour le service
1 oignon, grossièrement haché
3 gousses d'ail, taillées en tranches fines
1 branche de céleri, émincée (facultatif)
2 cuil. à café de cumin en poudre
3 boîtes de pois chiches de 400 g, avec l'eau de conserve
1 belle pincée de filaments de safran
1 cube de bouillon de légumes bien concentré
400 g de tomates fraîches mondées (page 14), épépinées et grossièrement concassées
la moitié d'une grosse botte de coriandre, finement hachée
le jus de 1/2 citron
1 trait de Tabasco
gros sel marin, poivre noir du moulin

Faites chauffer l'huile d'olive dans un faitout et faites-y dorer l'oignon en remuant bien. Ajoutez l'ail, le céleri (si vous l'utilisez) et le cumin. Faites frire 1 minute.

Ajoutez le contenu d'une boîte de pois chiches et le safran, le cube de bouillon émietté, portez à petite ébullition en remuant bien pour dissoudre le bouillon (5 minutes environ).

Ajoutez le reste des pois chiches avec tout leur liquide de conserve, allongez de 25 cl d'eau. Portez à ébullition et faites cuire 15 minutes sur feu doux.

Ajoutez les tomates concassées et, 1 minute plus tard, la moitié de la coriandre, le jus de citron, le Tabasco. Salez, poivrez, remuez 1 minute puis retirez du feu.

Versez dans une soupière chauffée ou dans des bols individuels ; garnissez du reste de coriandre et, si vous le désirez, d'un filet d'huile d'olive.

Soupe de nouilles au miso,
accompagnée de tempura

Les soupes de nouilles chinoises ou japonaises, les *laksa* de Malaisie, les *phò* vietnamiens sont sains, nourrissants et vite préparés. Un grand bol constitue un repas complet : les nouilles et le bouillon rassasient vite mais avec légèreté. Les assaisonnements sont étonnamment délicats et parfumés. L'abondance de restaurants orientaux spécialisés dans les nouilles et pouvant recevoir des centaines de convives résume la situation : ce sont des préparations rapides et faciles, surtout quand on les assemble par étapes toutes prêtes. À elles seules, elles font la synthèse des cuisines asiatiques : netteté, délicatesse, combinaison de saveurs. Vous pouvez tirer parti de cette complexité des arômes en réservant un peu de chaque ingrédient pour la garniture.

2 PERSONNES
40 cl d'huile d'arachide pour la friture
4 oignons blancs nouveaux, finement émincés
6 gousses d'ail, finement émincées
4 tiges de citronnelle, très finement émincées
2 petites carottes, coupées en deux dans le sens de la longueur puis en fines demi-lunes
100 g de jeunes épis de maïs, coupés en deux dans le sens de longueur
250 g de shiitake frais (lentins de chêne), nettoyés et coupés en quatre
60 g de pois gourmands effilés
125 g de nouilles chinoises fines aux œufs
6 cuil. à soupe de miso blanc
le jus de 50 g de gingembre frais finement râpé puis pressé
1 petit piment rouge vietnamien, finement haché
1 poignée de coriandre fraîche, grossièrement hachée
le jus de 1 citron vert
1,5 cuil. à café de vergeoise brune
3 cuil. à soupe d'*ume su* (vinaigre japonais aux prunes salées *umeboshi* ; facultatif)
1 cuil. à soupe de tamari, plus un peu pour le service
sauce chili (page 62, facultatif)

tempura
1/2 poivron rouge ou jaune, coupé en 4 larges lanières
1 courgette, taillée en tranches obliques de 1 cm d'épaisseur
1 petit oignon rouge, coupé en tranches

pâte à tempura
60 g de farine autolevante tamisée
1 grosse pincée de sel
2 cuil. à soupe de Perrier ou de bière blonde
1 blanc d'œuf, battu en neige ferme

Préparez la pâte à tempura : mélangez dans un bol, à l'aide d'une fourchette, la farine, le sel, 10 cl d'eau tiède et le Perrier (ou la bière). Ne vous souciez pas trop des grumeaux, ils ne nuisent pas à la préparation finale. Réservez la pâte ; vous devrez l'utiliser immédiatement une fois le blanc d'œuf incorporé.

Portez à ébullition de l'eau dans un grand faitout. Vous en aurez besoin pour le bouillon au miso et sans doute aussi pour les légumes.

À part, portez à ébullition de l'eau dans une grande casserole, pour y cuire les nouilles.

Faites chauffer l'huile d'arachide dans un wok ou dans une friteuse sur feu doux ; ne la quittez pas des yeux.

Prenez 2 cuillerées à soupe d'huile chaude et versez-la dans une grande casserole sur feu moyen. Ajoutez les oignons nouveaux, l'ail, la citronnelle, les carottes et le maïs, et enfin les champignons et les pois gourmands. Faites revenir 1 minute, en ajoutant de temps à autre une cuillerée d'eau bouillante pour empêcher les légumes d'attacher et pour les faire cuire à la vapeur.

Pendant ce temps, faites cuire les nouilles selon les instructions mentionnées sur l'emballage. Préparez une passoire garnie de papier absorbant.

Incorporez avec précaution le blanc d'œuf en neige à la pâte à tempura. Trempez vivement les légumes dans la pâte et déposez-les avec précaution dans l'huile chaude, quelques-uns à la fois pour leur permettre de cuire vite. Quand ils remontent à la surface, retournez-les dans le bain d'huile pour les faire dorer. Quand ils sont bien dorés, débarrassez-les immédiatement dans la passoire garnie de papier absorbant.

Pendant la friture du tempura, occupez-vous de la soupe. Ajoutez 2 litres d'eau bouillante aux légumes revenus dans la grande casserole, incorporez le miso et remuez jusqu'à dissolution complète. Ajoutez le jus de gingembre, le piment rouge, la coriandre, le jus de citron vert, la vergeoise, le vinaigre *ume su* si vous l'utilisez, et enfin le tamari.

Égouttez les nouilles et déposez-les dans le bouillon chaud. Portez juste à frémissement, retirez immédiatement du feu. Ne faites pas bouillir : on dit que cela détruit les précieuses qualités curatives du miso.

Servez la soupe de nouilles dans de grands bols, ajoutez quelques pièces de tempura à la surface de chaque bol, et servez immédiatement. Déposez le reste de tempura sur une assiette et servez-le à part avec un peu de tamari et de sauce chili dans un petit bol.

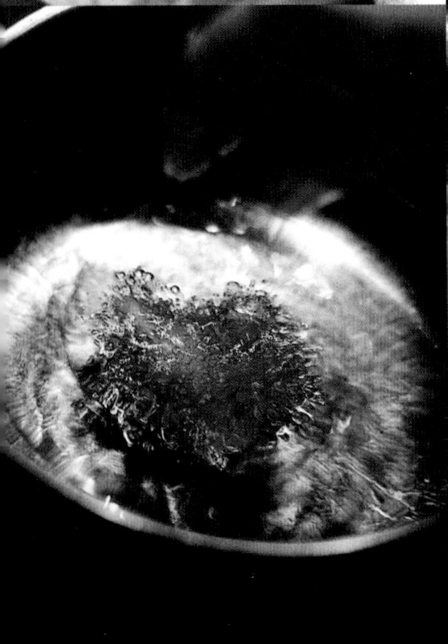

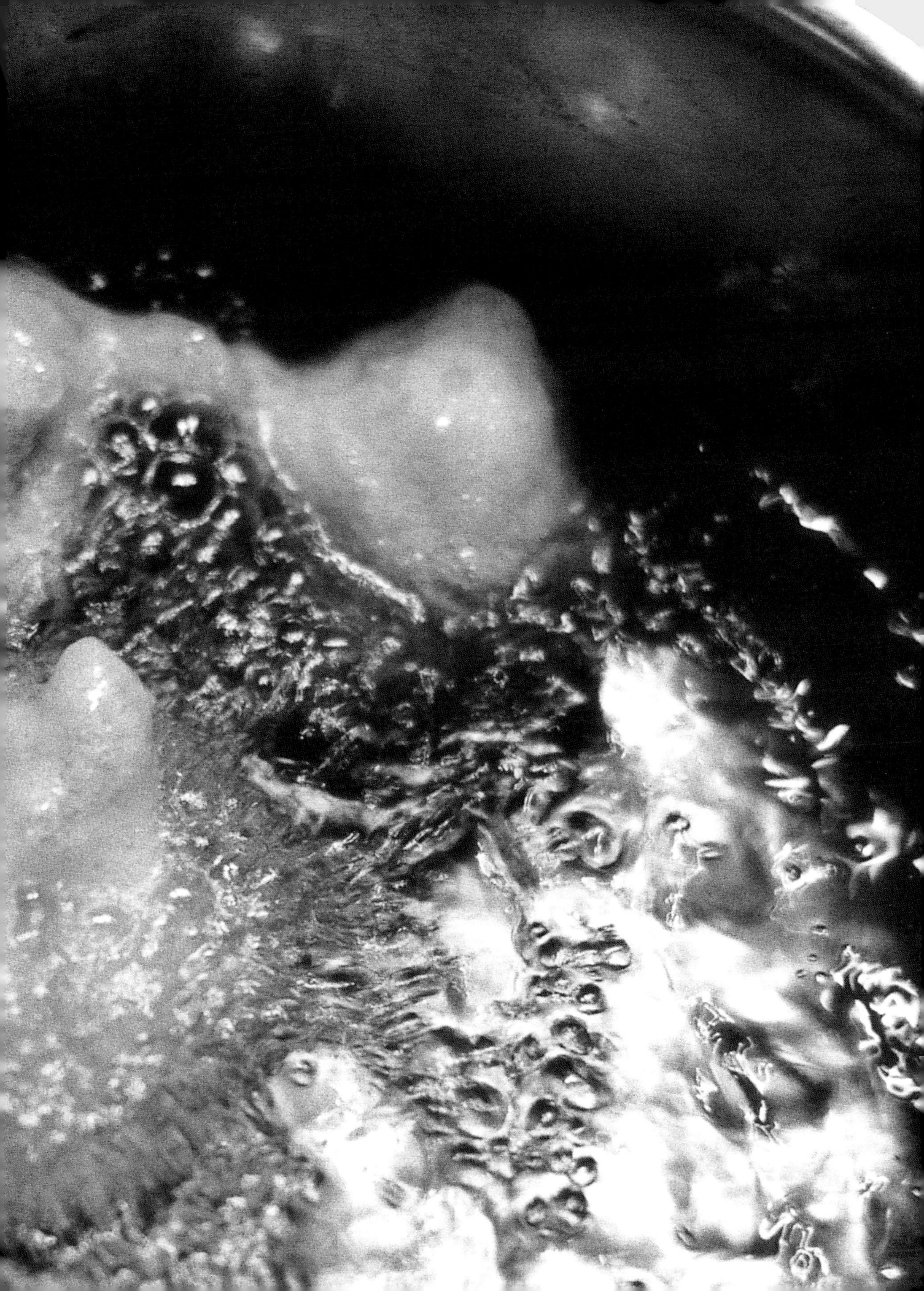

Laksa au lait de coco et aux épinards, dés de tofu frit

2 PERSONNES
pâte à tempura (pages 46-47)
environ 40 cl d'huile d'arachide pour la friture
2 gousses d'ail, taillées en tranches fines
2 cuil. à café de poudre de sept-épices thaïlandaise
le jus de 60 g de gingembre frais finement râpé et pressé
2 tiges de citronnelle, très finement émincées
1 petit piment rouge vietnamien, très finement haché
150 g de chair de courge sucrine, taillée en dés de 2 cm
40 cl de lait de coco en boîte non sucré
20 cl d'eau ou de bouillon de légumes léger, préparé avec 1/4 de cube
150 g de tofu coupé en cubes de 4 cm
1 petite poignée ou 1 nid de nouilles fines aux œufs
60 g de pousses d'épinard
1 cuil. à café de pâte de tamarin

pour le service
1 petite poignée de feuilles de coriandre, 1 citron vert, un peu de tamari

Préparez la pâte à tempura et réservez-la. Faites chauffer l'huile d'arachide dans un wok ou dans une friteuse ; gardez un œil dessus tout en préparant les autres ingrédients.

Pour préparer le *laksa*, faites chauffer 1 cuillerée à soupe d'huile d'arachide dans une casserole à fond épais. Ajoutez l'ail, les sept-épices, le jus de gingembre, la citronnelle et la moitié du piment. Faites cuire 4-5 minutes, ajoutez la courge et faites revenir jusqu'à ce qu'elle commence à s'attendrir. Versez le lait de coco et la moitié de l'eau ou du bouillon, et faites bouillir doucement quelques minutes.

Ajoutez le reste du liquide et continuez la cuisson 6-7 minutes, jusqu'à ce que la courge commence à fondre. Vous pouvez l'écraser à la fourchette pour accélérer le processus.

Pendant ce temps, incorporez le blanc d'œuf en neige à la pâte à tempura. Trempez-y les dés de tofu, plongez-les avec précaution dans l'huile chaude. Faites bien dorer sur toutes les faces. Débarrassez immédiatement dans une passoire garnie de papier absorbant.

Ajoutez enfin les nouilles au *laksa* et faites cuire 3 minutes. Ajoutez les épinards en réservant quelques feuilles pour la garniture, faites cuire doucement 2-3 minutes. Incorporez le tamarin.

Servez dans des bols avec le reste du piment, les épinards réservés et quelques dés de tofu frit. Décorez de un ou deux brins de coriandre et servez avec le tamari et des quartiers de citron vert. Dégustez immédiatement ; il ne faut pas faire attendre le tofu frit.

Nouilles et légumes sautés à la thaïlandaise

C'est une recette rapide, composée de légumes qui se préparent pour ainsi dire tout seuls. Cependant, faites attention au chou chinois, qui doit cuire très brièvement sous peine de pleurer comme une Madeleine. Si vous voulez préparer un *pad thai*, recette encore plus rapide, éliminez tous les légumes sauf les pousses de soja et ajoutez 2 œufs. Faites-les prendre en brouillade pendant quelques secondes avant d'ajouter les nouilles et mélangez bien le tout.

4 PERSONNES
15 cl de bouillon de légumes chaud préparé avec 1/4 de cube
3 cuil. à soupe d'huile d'arachide
2 tiges de citronnelle
200 g de petits bouquets de brocoli
125 g de jeunes épis de maïs, coupés en deux dans le sens de la longueur
180 g de pois gourmands effilés
150 g de chou chinois taillé en grosses lanières
4 oignons blancs nouveaux, parés et taillés en biseau
6 feuilles de citronnier kaffir (page 36)
150 g de germes de soja (facultatif)

sauce
6 gousses d'ail, grossièrement hachées
1 petit piment rouge vietnamien, finement haché
le jus de 7 cm de gingembre finement râpé et pressé
2 cuil. à soupe de vergeoise brune
2 cuil. à soupe de coriandre fraîche hachée
1 cuil. à soupe de pâte de tamarin
2 cuil. à soupe d'arachides légèrement grillées, salées ou nature

Préparez d'abord la sauce. Réunissez tous les ingrédients (vous pouvez réserver quelques arachides pour la garniture) dans un mixeur et réduisez le tout en pâte pas trop fine. Débarrassez dans un bol, incorporez environ 9 cl de bouillon chaud et 1 cuillerée à soupe d'huile. Remuez, réservez.

Faites chauffer dans un wok le reste de l'huile. Ajoutez la citronnelle et le brocoli. Remuez ; au bout de 1 minute, ajoutez le maïs, les pois gourmands, et enfin le chou chinois, les oignons nouveaux et les feuilles de kaffir. Remuez le tout 2 minutes sur feu vif. Si nécessaire, ajoutez 2 cuillerées à soupe de bouillon aux légumes pour les attendrir un peu et libérer les arômes.

Incorporez rapidement les germes de soja (si vous les utilisez), puis retirez du feu ; arrosez de la sauce et garnissez avec les arachides réservées. Servez avec du riz blanc ou des nouilles japonaises *udon*, accompagné de tamari et d'huile au piment.

Shiitake, bok choy et oignons nouveaux sautés
aux noix de cajou, nouilles *udon*

Il fut un temps où j'adorais me promener dans le Chinatown de Londres. Les légumes verts attiraient surtout mon attention. Le bok choy est un chou vert ressemblant un peu à un pied de blette, en plus trapu. De saveur douce et légèrement amère, il fond beaucoup à la cuisson.

2-4 PERSONNES
3 cuil. à soupe d'huile d'arachide
4 têtes de bok choy, coupées en deux dans le sens de la longueur
200 g de shiitake frais (lentins de chêne), coupés en deux
1 botte d'oignons nouveaux, parés et taillés en biseau
30 g de noix de cajou légèrement grillées, salées ou nature
quelques miettes de piment rouge frais finement haché
quelques brins de coriandre fraîche (facultatif)

sauce
2 cuil. à soupe de tamari
2 cuil. à soupe de pâte de soja jaune
1 petit piment rouge vietnamien, finement haché
1 gousse d'ail, taillée en tranches fines
3-4 cm de gingembre frais, finement râpé
1 cuil. à café de cassonade
1 cuil. à dessert d'arrow-root ou de Maïzena

Mélangez tous les ingrédients de la sauce (sauf l'arrow-root) et diluez-les dans 15 cl d'eau.

Faites chauffer 2 cuillerées à soupe d'huile d'arachide dans un wok ou dans un faitout à fond épais. Ajoutez le bok choy et faites-le revenir 2 minutes environ. Ajoutez 2-3 cuillerées à soupe de sauce en veillant bien à ce que le mélange n'attache pas. Ajoutez les champignons et faites revenir le tout sur feu vif 1 minute. Ajoutez de la sauce petit à petit en remuant. Quand les champignons sont attendris et luisants, ajoutez les oignons nouveaux et faites cuire jusqu'à ce qu'ils commencent à s'assouplir. Il doit vous rester la moitié de la sauce.

Diluez l'arrow-root dans le reste de la sauce et ajoutez le tout au contenu du wok en remuant vigoureusement jusqu'à ce que la sauce épaississe et nappe généreusement les légumes. Si le feu est très vif, les parois du wok risquent de sécher : ajoutez un peu d'eau dans ce cas. Retirez du feu, ajoutez les noix de cajou, un peu de piment et de coriandre (si vous l'utilisez).

Servez immédiatement avec des nouilles *udon* ou un bol de riz basmati revenu quelques instants avec 1 œuf battu et 1-2 oignons nouveaux hachés, ajoutés au dernier moment.

3

Fritures : tout baigne

Un peu d'huile ne gâte pas l'amitié. La plupart de ces fritures se font à la poêle et toujours dans de l'huile fraîche et légère (ne réutilisez jamais une huile de friture, il n'y a rien de moins diététique). Tout le monde aime ce qui est doré, ce qui croustille, il est bon d'y céder de temps en temps.

Beignets de chou-fleur, mayonnaise aux câpres

Quand j'étais enfant, nous mangions souvent ces beignets accompagnés de sauce tomate. J'aime aussi les déguster avec une mayonnaise aux câpres, onctueuse et relevée. Les câpres confites au sel sont très jolies, mais je préfère celles de mon enfance, plus petites, prosaïquement conservées dans de la saumure.

4 PERSONNES
1 gros chou-fleur, divisé en petits bouquets
1 litre au moins d'huile d'arachide pour la friture
farine blanche pour enrober les beignets
3 gros œufs battus
fleur de sel

mayonnaise aux câpres
50 g de câpres nonpareilles au sel, en saumure ou au vinaigre, rincées et égouttées
100 g de bonne mayonnaise (faite maison si possible)

Mélangez les câpres et la mayonnaise, réservez.

Portez à ébullition de l'eau dans une grande casserole, faites-y pocher le chou-fleur *al dente*. Égouttez très soigneusement.

Faites chauffer l'huile dans une grande casserole ou dans une friteuse. Quand elle est très chaude, baissez le feu. Garnissez une passoire de papier absorbant.

Roulez les bouquets de chou-fleur dans la farine, puis dans l'œuf battu. Plongez-les dans l'huile chaude, quelques-uns à la fois, et faites-les frire jusqu'à ce qu'ils soient bien dorés. Retournez-les à mi-cuisson à l'aide de deux fourchettes. Retirez-les avec une écumoire, déposez-les dans la passoire garnie de papier, et procédez à la friture des autres bouquets de chou-fleur.

Salez les beignets de chou-fleur et servez-les immédiatement avec la mayonnaise aux câpres.

Rösti aux épinards, aux champignons et à l'œuf poché

Pendant six mois, à Zurich, avec l'aide de nombreux amis, j'ai dirigé les cuisines d'un restaurant végétarien de 170 couverts. Quand vous saurez qu'il y avait souvent au menu des morilles fraîches et des truffes blanches, que nous avions un chef italien assisté de deux des meilleurs découpeurs de sushi du Japon, vous comprendrez que ce n'était pas n'importe quel restaurant végétarien. En tout cas, c'est là que j'ai appris à faire les rösti – le *nec plus ultra* pour le brunch du dimanche.

2-4 PERSONNES
500 g de pommes de terre à chair ferme (belles-de-fontenay, roseval…)
4 cuil. à soupe de beurre
1/2 oignon, finement haché
fleur de sel, poivre noir du moulin
huile d'arachide pour friture
30 g de cèpes séchés d'Italie, trempés dans un peu d'eau bouillante avec un trait de tamari ou 150 g de cèpes frais nettoyés, coupés en tranches épaisses
2 cuil. à soupe de crème fraîche
200 g de pousses d'épinard nettoyées
1 pincée de noix de muscade râpée
4 gros œufs frais, de préférence bio

Faites cuire 10 minutes les pommes de terre en robe des champs à l'eau salée. Égouttez, laissez tiédir, puis pelez et râpez les pommes de terre. Dans une petite poêle, faites chauffer 2 cuillerées à soupe de beurre et faites-y suer l'oignon sur feu doux jusqu'à ce qu'il soit doré. Ajoutez-le aux pommes de terre râpées avec un peu de sel et de poivre.

Dans une poêle en fonte ou antiadhésive, faites chauffer un peu d'huile. Étalez-y les pommes de terre, aplatissez-les avec une spatule et faites frire cette galette sur feu moyen jusqu'à ce que le dessous soit bien doré. Glissez la galette sur une assiette, puis retournez-la sur une autre assiette et glissez-la dans la poêle pour faire dorer l'autre face. Débarrassez sur une assiette et coupez en quatre, ou préparez 4 rösti dans 4 poêles à blinis.

Faites sauter 2 minutes les cèpes égouttés ou les tranches de cèpe frais dans 1 cuillerée à soupe de beurre, ajoutez un peu de crème fraîche. Faites chauffer le reste du beurre dans une sauteuse et faites-y saisir les épinards. Poivrez, muscadez, salez seulement à la fin pour ne pas faire pleurer les épinards. Éliminez l'excédent de liquide et réservez le tout.

Faites pocher les œufs un par un. Ma méthode : 4 cm d'eau dans une petite casserole, je porte à ébullition, je baisse le feu pour obtenir un léger frémissement. Je casse l'œuf dans l'eau et je l'y laisse 1-2 minutes, jusqu'à ce que le blanc soit ferme et le jaune juste enrobé d'une pellicule coagulée. Je retire l'œuf soigneusement avec une écumoire.

Servez tous les éléments assemblés sur une assiette, ou en pyramide.

Canapés d'aubergine à la mozzarella
et aux tomates séchées

La mozzarella fumée se tranche plus facilement que la mozzarella fraîche. Elle est plus sèche et se présente en boules plus grosses et plus compactes. J'aime accompagner cette recette d'une salade de cresson en plus du pesto de cresson. Servez 3 canapés par personne en entrée, 5 pour un repas léger. J'ai laissé les quantités un peu flottantes, adaptez-les en fonction du nombre de convives.

4-6 PERSONNES
3 gros œufs bio
fleur de sel, poivre noir du moulin
1-2 aubergines fermes, coupées chacune en 10-15 tranches de 1/2 cm d'épaisseur
un peu d'huile d'olive et de jus de citron
6 cuil. à soupe de pesto de cresson (page 15)
20-30 écailles de tomates séchées à l'huile
20-30 feuilles de basilic entières
20-30 olives noires dénoyautées
2-3 boules de mozzarella (150 g chacune), fumée de préférence, chacune taillée en 10 tranches
10 cl d'huile d'olive pour la friture
1-2 citrons, coupés en quartiers

Battez les œufs. Salez et poivrez, réservez. Salez légèrement les tranches d'aubergine, puis badigeonnez-les légèrement d'huile d'olive et de jus de citron.

Préparez les canapés en tartinant légèrement les tranches d'aubergine de pesto ; couvrez d'une écaille de tomate séchée, puis d'une feuille de basilic, ajoutez 1-2 olives et finissez par 1 tranche de mozzarella.

Faites chauffer l'huile dans une poêle.

Maintenez bien chaque canapé entre vos doigts et trempez-le dans l'œuf battu. Faites dorer sur les deux faces en faisant frire le côté aubergine le premier. Celui-ci devra cuire plus longtemps que le côté fromage. Juste avant de retourner le canapé, ajoutez un peu d'œuf battu sur le côté fromage. La cuisson doit prendre à peu près 1 minute de chaque côté.

Débarrassez chaque canapé dans une assiette garnie de papier absorbant. Saupoudrez de sel et aspergez du reste de pesto au cresson. Servez immédiatement, côté fromage vers le haut, avec des quartiers de citron que chacun pressera sur son assiette. N'oubliez pas la salade de cresson assaisonnée simplement d'un peu d'huile d'olive et d'un soupçon de vinaigre balsamique.

Pastelles de pomme de terre

Pour servir ces croquettes marocaines en plat de résistance, vous pouvez leur adjoindre les accompagnements suivants : lanières de poivron rouge grillé et pelé, assaisonnées d'ail, d'huile d'olive, de sel et de poivre ; concombre vinaigrette, finement émincé ; salade de betteraves accommodée d'un trait de vinaigre, de cumin en poudre et d'oignon haché. Autre solution : une sauce tomate, ou alors un peu de harissa ou de chermoula (page 17).

10 PASTELLES
1 kg de pommes de terre (roseval, belle-de-fontenay ou charlotte), pelées et coupées en dés
4 gros œufs, battus
fleur de sel, poivre noir du moulin
1 pincée de noix de muscade fraîchement râpée
2 cuil. à soupe d'huile d'olive
huile d'arachide pour friture

farce
60 g de champignons émincés, sautés avec un peu d'huile d'olive et 1 cuil. à café de tamari
90 g d'épinards frais, légèrement fondus dans une poêle chaude, égouttés et hachés
1 pincée de noix de muscade fraîchement râpée
fleur de sel, poivre noir du moulin
1 œuf dur haché
1 cuil. à soupe d'herbes fraîches (persil, coriandre, basilic, ciboulette) hachées
1 gousse d'ail, écrasée
1 oignon blanc nouveau, ou 1 petite échalote, finement haché
30 g de cheddar affiné ou de tout autre fromage corsé, râpé

Dans une casserole, couvrez les pommes de terre d'eau salée et portez à ébullition. Faites cuire sur feu doux jusqu'à ce qu'elles soient tendres. Égouttez-les et écrasez-les à la fourchette ou avec un presse-purée. La purée doit être homogène. Pendant la cuisson des pommes de terre, préparez et mélangez les ingrédients de la farce, salez et poivrez.

Incorporez 2 œufs battus à la purée. Salez, poivrez et muscadez. Mélangez soigneusement.

Divisez la pâte de pomme de terre en 10 portions égales (environ 4 cm de diamètre).

Enduisez-vous légèrement les mains d'huile d'olive et aplatissez une des boulettes entre vos paumes. Déposez un peu de farce au centre, puis ramassez la pâte autour de la farce de façon à l'enfermer totalement. Formez une boulette aplatie et procédez de même avec le reste des ingrédients. Trempez chaque boulette dans les œufs battus restants.

Faites chauffer l'huile d'arachide dans une poêle et faites-y frire les pastelles, la moitié à la fois, sur les deux faces. Faites-les bien dorer. Déposez-les dans une assiette garnie de papier absorbant. Saupoudrez de fleur de sel et servez immédiatement.

Galettes écossaises
(choisissez votre garniture)

4-6 PERSONNES (25 GALETTES ENVIRON)
350 g de farine
1 sachet de levure chimique
1 pincée de sel
1/2 cuil. à café de vergeoise brune
2 œufs
35 cl de lait
75 g de beurre fondu
huile d'arachide pour friture

Tamisez la farine dans un saladier avec la levure chimique et le sel, ajoutez la vergeoise et disposez le mélange en fontaine.

Battez les œufs, incorporez-y au fouet le lait et le beurre fondu. Versez le tout au centre de la fontaine et mélangez au fouet, en tournant, jusqu'à obtention d'un mélange lisse et homogène. Ajoutez un peu de lait si nécessaire.

Faites chauffer une poêle en fonte, enduisez-la d'un peu d'huile d'arachide. Déposez-y la pâte par cuillerées espacées. Lorsque les galettes sont dorées, retournez-les pour faire dorer l'autre côté.

Servez avec l'une ou l'autre de ces garnitures :
Tapenade d'olives noires
Pâte de tomate séchée
Crème fraîche ou yaourt battu à l'ail écrasé
Poivrons rouges grillés et pelés
Pesto (n'importe lequel, page 15)
Cottage cheese
Guacamole express : écrasez la chair d'un avocat mûr avec 1 cuillerée à soupe d'huile d'olive, 1 cuillerée à soupe d'eau, 1 gousse d'ail écrasée, fleur de sel et poivre du moulin.
Hoummos express : passez au mixeur le contenu d'une boîte de pois chiches égoutté, 4 cuillerées à soupe d'huile d'olive, 1 gousse d'ail écrasée, 1 cuillerée à soupe de tahini, un peu de cumin en poudre et 2 cuillerées à soupe d'eau de conserve des pois chiches.

Croquettes de maïs doux
à l'avocat et à la salsa de mangue

Si vous utilisez directement les grains d'épis de maïs frais, la texture sera plus ferme et plus agréable. Les grains de maïs surgelés nécessiteront l'ajout d'un peu de farine supplémentaire ; il y a des risques de projections à la cuisson. Si le maïs frais est trop jeune, il sera un peu sec : il faudra ajouter un peu d'eau.

2-4 PERSONNES (12 CROQUETTES ENVIRON)
3 épis de maïs frais (environ 225 g de grains)
5 cuil. à soupe de crème fraîche
3 cuil. à soupe de farine
1/2 cuil. à café de levure chimique
1/2 cuil. à café de cassonade
1 cuil. à soupe de coriandre fraîche hachée (et quelques pluches pour le service)
1 petit morceau de piment rouge frais, émincé en dés
fleur de sel, poivre noir du moulin
huile d'olive légère pour la friture
1-2 avocats bien mûrs (1/2 avocat par personne), coupé en deux puis en tranches horizontales
le jus de 1 citron vert

salsa
1 cuil. à soupe d'huile d'olive
la moitié d'un petit oignon rouge, très finement hachée
1 mangue mûre mais encore ferme, pelée et taillée en petits dés
1 petit bouquet de coriandre finement haché
1 petit morceau de piment rouge frais, finement haché
le jus de 2 cm de gingembre frais râpé et pressé
1 trait de Tabasco

sauce chili
1 cuil. à soupe de sauce chili du commerce, diluée avec 4 cuil. à soupe d'huile d'arachide ou d'huile d'olive légère, 1 trait de Tabasco et 1 pincée de sucre

Préparez d'abord la salsa. Mélangez tous les ingrédients dans un saladier. Si vous préférez une salsa chaude, faites chauffer l'huile dans une petite casserole et faites-y fondre l'oignon jusqu'à ce qu'il soit transparent. Ajoutez la mangue et remuez 1 minute avant d'ajouter les autres ingrédients. Mélangez rapidement, retirez du feu et débarrassez dans un bol.

Avec un grand couteau tranchant, rasez les épis de maïs pour prélever les grains. Recueillez le jus. Placez le tout, jus et grains, dans un saladier. Ajoutez la crème, la farine, la levure, le sucre, la coriandre, le piment, salez et poivrez, mélangez soigneusement.

Sur un gril en fonte lisse ou dans une poêle en fonte bien chaude, faites chauffer 2 cuillerées à soupe d'huile d'olive. Déposez des cuillerées espacées de la préparation au maïs et aplatissez-les avec le dos d'une cuillère. Faites bien dorer, environ 4 minutes de chaque côté, jusqu'à ce que le maïs commence à crachoter et à éclater. Déposez les croquettes dans une grande assiette garnie de papier absorbant, salez légèrement. Réservez dans un four tiède, si nécessaire, le temps de préparer toutes les croquettes.

Pour servir, comptez au moins 3 croquettes par personne et décorez chacune de 3 tranches d'avocat. Arrosez chaque assiette d'un filet de jus de citron vert. Couvrez d'un peu de salsa de mangue et de quelque gouttes de sauce chili. Les croquettes peuvent être superposées comme des pancakes, la salsa entre deux, si vous le désirez, et vous pouvez aussi les faire assembler à table par vos convives. Vous pouvez garnir de pluches de coriandre. L'essentiel est que ces croquettes soient chaudes et croustillantes.

Tempura

4 PERSONNES
90 cl d'huile d'arachide ou de tournesol pour la friture
1 poivron rouge, épépiné, veines intérieures éliminées, coupé en 8 longues lanières
1 poivron jaune, épépiné, veines intérieures éliminées, coupé en 8 longues lanières
1 grosse courgette, taillée en biseau en tranches de 1/2 cm d'épaisseur
8 champignons de couche entiers
1 oignon rouge, taillé en anneaux de 25 mm d'épaisseur
90 g de haricots verts parés, effilés, blanchis 5 minutes à l'eau bouillante, rafraîchis et égouttés
100 g de bouquets de brocoli de 4 cm de diamètre environ
100 g de bouquets de chou-fleur de 4 cm de diamètre environ

pâte à tempura
100 g de farine autolevante tamisée
1 grosse pincée de sel
5 cuil. à soupe de Perrier ou de bière blonde
2 blancs d'œufs, battus en neige pas trop ferme

pour le service
tamari et sauce chili (page 62)

Faites chauffer l'huile dans un wok ou dans une friteuse. Garnissez une passoire de papier absorbant.

Préparez la pâte : mélangez dans un saladier, à l'aide d'une fourchette, la farine, le sel, 20 cl d'eau tiède et le Perrier ou la bière. Ne vous souciez pas des grumeaux, qui disparaîtront à la friture. Incorporez les blancs d'œufs en neige.

Trempez les morceaux de légumes dans la pâte et plongez-les avec précaution dans le bain de friture, quelques-uns à la fois pour leur permettre de frire assez rapidement. Lorsqu'ils remontent à la surface, laissez-leur le temps de dorer et retournez-les avec des baguettes ou deux fourchettes afin qu'ils soient bien frits sur les deux faces. Transférez-les immédiatement dans la passoire garnie de papier.

Servez accompagné de petits bols de tamari et de sauce chili, ou de mayonnaise additionnée de beaucoup d'ail finement écrasé.

Croquettes de risotto

S'il vous reste du risotto – par exemple si vous en avez préparé pour six personnes et que vous n'en ayez servi que pour quatre –, vous en aurez assez pour préparer une entrée pour quatre ou un petit plat pour deux.

2-4 PERSONNES
1 reste de risotto
quelques dés de fromage ou de beurre d'ail froid (facultatif)
un peu de farine
1 œuf, battu
huile d'arachide pour friture
fleur de sel

Façonnez entre vos paumes le risotto en boulettes de 7 cm de diamètre environ. Si vous le désirez, vous pouvez introduire au centre de la boulette un dé de fontina, de taleggio, de mozzarella ou de tout autre fromage fondant, ou une noisette de beurre d'ail. Refermez bien la boulette autour du fromage et aplatissez-la légèrement.

Farinez légèrement les boulettes, trempez-les dans l'œuf battu, puis faites-les dorer sur les deux faces dans un peu d'huile d'arachide. Salez immédiatement, servez chaud.

Servez avec l'un ou l'autre de ces plats ou accompagnements :
Légumes cuits sur le gril
Tapenade noire ou verte, ou pâte de tomate séchée
Épinards juste poêlés et champignons sautés
Tout ce que vous auriez envie de servir avec des rösti, des crêpes ou des blinis

Vous pouvez aussi confectionner une frittata en faisant chauffer un peu d'huile dans une poêle antiadhésive. Ajoutez le risotto froid, étalez-le, ajoutez 3-4 œufs battus et faites cuire sur feu doux jusqu'à ce que l'œuf soit bien pris et le dessous doré. Glissez la galette sur une assiette, retournez-la dans la poêle et faites dorer l'autre côté. Servez chaud.

Hamburgers de cornilles

« Hamburger » est presque devenu un gros mot, et à juste titre, compte tenu des horreurs qu'on peut nous servir sous ce nom. Les hamburgers végétariens font rarement monter la moyenne : trop fades, trop gras, trop morts. Les cornilles, petits haricots africains « aux yeux noirs », viennent à la rescousse pour produire ces croquettes simples et délicieuses, que l'on peut accompagner de cornichons, de moutarde, de mayonnaise aux câpres, d'oignon cru ou frit et même de ketchup.

2-4 PERSONNES

400 g de cornilles en conserve, égouttées, ou 400 g de cornilles cuites à l'eau (salez en fin de cuisson)
1 échalote, finement hachée
1 oignon blanc nouveau, taillé en tranches fines
1 gousse d'ail, écrasée
2 cuil. à soupe de coriandre fraîche hachée
6 champignons de Paris, taillés en tranches fines et sautés dans un peu d'huile d'olive
1 trait de tamari
1 trait de Tabasco
fleur de sel, poivre noir du moulin
2-3 cuil. à soupe d'huile d'arachide

Écrasez légèrement les haricots à la fourchette et mélangez tous les ingrédients, sauf l'huile. Réservez le temps de préparer les accompagnements et les condiments : mayonnaise aux câpres (page 56), salade verte, roquette, pousses d'épinard ou de cresson, tranches de tomate, fines tranches d'oignon rouge ou d'oignon frit.

Faites chauffer l'huile dans une poêle.

Façonnez le mélange en 2-4 boulettes aplaties, selon la taille que vous désirez. Faites-les frire jusqu'à ce qu'elles soient bien dorées et croustillantes. Retournez les boulettes avec précaution à l'aide d'une spatule pour frire l'autre côté.

Servez dans de petits pains ronds croustillants ou dans de petites *ciabatte*, accompagné des salades et des condiments prévus.

4

Salades chaudes

Quand je suis pressée, j'ai tendance à recourir en priorité aux salades chaudes. La combinaison de couleurs, de textures et de saveurs me donne la sensation de préparer un mets plus élégant qu'une simple salade, tandis que la sauce, recueillie sur le pain chaud, est un des plaisirs les plus réconfortants que je connaisse.

Foul medames, épinards au tahini

Ce genre de plat, ce sont mes racines, ce à quoi je reviens toujours. Je l'ai longtemps gardé comme un secret : comme si ce n'était ni assez sophistiqué, ni assez chic, ni assez compliqué. En outre, il fut un temps où la cuisine végétarienne recourait à une prétendue inspiration ethnique en y mettant une main assez lourde. Pas la peine d'en rajouter : moi, je voulais que ma cuisine soit légère, colorée, raffinée. Ma mère était du même avis, je crois : la touche marocaine y était comme un lointain souvenir encore présent dans une cuisine très francisée.

4 PERSONNES
2 boîtes de 400 g de foul medames (page 12), avec l'eau de conserve
1 gousse d'ail, taillée en tranches fines
1 cuil. à soupe de persil plat haché
2 cuil. à soupe d'huile d'olive
1/2 cuil. à café de cumin en poudre
jus de citron à volonté

épinards au tahini
250 g d'épinards lavés et égouttés
1 gousse d'ail, écrasée
1 pincée de noix de muscade fraîchement râpée
fleur de sel, poivre noir du moulin
1 cuil. à soupe de tahini léger (ou de yaourt grec si vous préférez)
1 cuil. à soupe de pignons de pin

pour le service
4 pains pitas
2 cuil. à café d'huile d'olive extra-vierge
1/2 cuil. à café de graines de cumin
yaourt grec
citron frais ou confit au sel (page 17)

Préchauffez le four à 200 °C (th. 6-7). Mélangez dans un saladier tous les ingrédients du foul medames et réservez.

Jetez les épinards dans une poêle antiadhésive chaude jusqu'à ce qu'ils fondent légèrement, éliminez l'excès de liquide en pressant. Ajoutez l'ail et la noix de muscade, salez et poivrez, incorporez le tahini ou le yaourt grec.

Déposez les pains pitas sur une plaque, badigeonnez-les d'huile d'olive et saupoudrez-les de graines de cumin. Déposez les pignons à côté et passez le tout au four 5-10 minutes. Dès que les pignons font mine de dorer, parsemez-en les épinards. Servez immédiatement avec le foul medames, les pitas au cumin, un bol de yaourt grec, quelques quartiers de citron frais ou confit au sel.

Salade de chou-fleur tiède
aux olives vertes, à la feta et au citron confit

Ça vous changera du gratin de chou-fleur ! Plus vite fait, plus aromatique et moins hivernal. J'aime prendre pour cette recette des olives vertes douces dénoyautées, mais vous pouvez utiliser des olives orientales plus fortes, cassées.

2-4 PERSONNES
4 cuil. à soupe d'huile d'olive
1 chou-fleur ferme et bien blanc, divisé en bouquets
1/2-1 cuil. à café de graines de cumin
1 cuil. à soupe de vinaigrette au citron confit (page 17) ou 1/4 de citron confit au sel, finement haché
60 g d'olives vertes
1 petite pincée de piment de Cayenne
fleur de sel
30 g de feta grecque

Faites chauffer dans une grande poêle un peu moins de la moitié de l'huile d'olive. Faites-y sauter et dorer les bouquets de chou-fleur à peu près 8-10 minutes, jusqu'à ce qu'ils soient bien saisis et colorés mais encore *al dente*.

Ajoutez le cumin, faites sauter encore 30 secondes. Débarrassez dans un saladier et incorporez le citron confit (ou la vinaigrette), les olives, le piment de Cayenne et un peu de sel. Malgré la présence de feta, le chou-fleur demande pas mal de sel.

Ajoutez le reste de l'huile et émiettez la feta sur la salade. Servez aussi vite que possible avec du pain arabe chauffé.

Haricots verts grillés aux pommes de terre, aux champignons et à l'œuf mollet

C'est ma version de la salade niçoise, en plus cuit. Quand vous faites griller les légumes, ouvrez la fenêtre, car cette opération produit beaucoup de fumée.

4 PERSONNES
2 grands champignons de Paris bien ouverts, coupés en tranches épaisses
2 cuil. à soupe de tamari
300 g de haricots verts effilés et parés
500 g de pommes de terre nouvelles, coupées en deux
un peu d'huile d'olive légère pour le grillage
4 gros œufs bio
20 quartiers de tomate confite (page 16)
fleur de sel, poivre noir du moulin

vinaigrette
6 cuil. à soupe d'huile d'olive
1,5 cuil. à soupe de vinaigre balsamique
4 gousses d'ail, écrasées
2 cuil. à café de moutarde forte

Mélangez tous les ingrédients de la vinaigrette ; réservez. Badigeonnez les champignons de tamari.

Portez à ébullition de l'eau dans une casserole et faites-y blanchir les haricots verts 5 minutes. Retirez-les avec une écumoire, rafraîchissez-les sous l'eau courante, égouttez bien et réservez. Dans la même casserole, faites cuire les pommes de terre jusqu'à ce qu'elles soient tendres. Égouttez.

Faites chauffer une poêle en fonte. Badigeonnez les champignons et les haricots de vinaigrette. Faites griller les champignons jusqu'à ce qu'ils soient légèrement noircis, retirez-les ; faites griller les haricots de même. Réservez. Essuyez la poêle avec du papier absorbant, versez-y 2 cuillerées à soupe d'huile. Faites sauter les pommes de terre sur feu vif jusqu'à ce qu'elles soient bien dorées et un peu noircies par endroits.

Pendant ce temps, couvrez les œufs d'eau froide dans une casserole, portez à ébullition, faites cuire à petit bouillon 6 minutes exactement pour les garder mollets. Rafraîchissez-les sous l'eau courante tout en les écalant avec précaution.

Assaisonnez les haricots verts, les champignons, les tomates et les pommes de terre avec le reste de la vinaigrette. Dressez sur les assiettes, déposez sur chaque portion de légumes 1 œuf coupé en deux. Salez, poivrez, servez immédiatement.

Salade de pommes de terre d'inspiration mauresque

Servez comme élément d'un assortiment de hors-d'œuvre avec, par exemple, les épinards au tahini (page 72), des tomates confites (page 16), une salade de roquette ou toute autre salade verte, les aubergines fumées (page 24) ou une simple assiette de poivrons grillés et pelés, assaisonnés avec de l'huile d'olive, du citron et de l'ail écrasé. Les possibilités sont infinies. Choisissez des pommes de terre farineuses comme la bintje ou fondantes comme la charlotte pour obtenir une salade onctueuse. Servez tiède avec des copeaux de feta grecque déposés sur chaque tranche de pomme de terre, et décoré de petites touches de harissa : votre salade de pommes de terre sortira vraiment du lot !

2 PERSONNES
2 grosses pommes de terre, pelées et coupées en tranches de 1 cm d'épaisseur
3 cuil. à soupe d'huile d'olive bien verte et bien fruitée
1 cuil. à soupe de coriandre fraîche hachée
fleur de sel, poivre noir du moulin
1 pincée de paprika
1/2 cuil. à café de graines de cumin

pour le service
huile d'olive pour friture
2 tortillas de blé (ou à volonté)
feta grecque
harissa

Faites cuire les pommes de terre à l'eau salée jusqu'à ce qu'elles soient tendres mais pas encore au point de se briser. Égouttez bien.

Débarrassez-les dans un saladier ; ajoutez l'huile d'olive, la coriandre, salez et poivrez. Mélangez très délicatement.

Étalez les tranches de pomme de terre dans un plat de service et arrosez de la sauce restant dans le saladier. Saupoudrez de paprika.

Faites griller les graines de cumin quelques secondes dans une poêle chaude et sèche, saupoudrez-en les pommes de terre.

Servez avec une imitation express d'un pain arabe appelé *melawa*, difficile à trouver et à réaliser chez soi – c'est ce qu'on m'a toujours dit. Qu'à cela ne tienne, faites chauffer un peu d'huile d'olive dans une poêle et faites-y revenir les tortillas de blé environ 30 secondes de chaque côté. Servez la salade avec la feta, la harissa et les tortillas.

Betteraves au four, halloumi et haricots verts

Cette recette est prévue pour des betteraves achetées crues, en botte ; si les feuilles sont bien fraîches, ajoutez-les, émincées et légèrement blanchies, à la salade juste avant de servir. À défaut de betteraves en botte, utilisez des betteraves cuites, ni trop grosses ni aqueuses. Faites-les griller avec le halloumi le temps que celui-ci devienne bien doré, mi-fondant, mi-croustillant. Les haricots verts peuvent être remplacés par de petits bouquets de jeune brocoli ou de chou romanesco très tendre.

2 PERSONNES

275 g de jeunes betteraves cuites, ou 350 g de betteraves crues en botte, coupées en deux si nécessaire
125 g de halloumi (fromage blanc libanais rappelant la mozzarella), taillé en bâtonnets de la taille d'un doigt
3 cuil. à soupe d'huile d'olive
1/2 cuil. à café de graines de cumin, légèrement grillées
125 g de haricots verts parés et effilés
1 cuil. à café de vinaigre balsamique
1 cuil. à soupe de crème fraîche ou de yaourt grec (facultatif)
1 trait de Tabasco
fleur de sel, poivre noir du moulin

Préchauffez le gril du four. Déposez les betteraves et le halloumi sur une plaque à pâtisserie. Badigeonnez de 2 cuillerées à soupe d'huile d'olive et faites griller 5 minutes environ. Ajoutez les graines de cumin à part. Retirez du four quand le halloumi est doré et croustillant, les betteraves ridées et attendries, et les graines de cumin légèrement brunies.

Pendant ce temps, portez à ébullition de l'eau dans une casserole. Faites-y blanchir les haricots verts jusqu'à ce qu'ils soient tendres, rafraîchissez-les sous l'eau courante et réservez-les.

Mélangez le reste de l'huile d'olive avec tous les autres ingrédients, y compris la crème ou le yaourt si vous l'utilisez. Ajoutez les betteraves, les haricots et le halloumi grillé ; mélangez doucement. Saupoudrez des graines de cumin grillées et servez immédiatement avec du pain chaud.

Salade de pois chiches
aux herbes et au citron, tomates et halloumi grillé

Voici une salade à la fois rustique et élégante, de surcroît prête en un clin d'œil. La roquette se trouve sur tous les marchés, souvent en grande surface, et toujours à portée de main si vous la cultivez sur le bord d'une fenêtre ou dans votre jardin.

2-4 PERSONNES
2 boîtes de pois chiches de 400 g, égouttées
1 cuil. à soupe de jus de citron frais
2 cuil. à soupe de persil haché
2 cuil. à soupe de coriandre hachée
2 cuil. à soupe d'huile d'olive extra-vierge, et un peu plus pour griller le halloumi
1 gousse d'ail, écrasée
1 trait de tamari
1 trait de Tabasco
fleur de sel, poivre noir du moulin
200 g de halloumi (fromage blanc libanais rappelant la mozzarella)
100 g de roquette ou de pousses d'épinard
12 tomates-cerises (bio de préférence), coupées en deux, ou 24 quartiers de tomate confite (page 16)
100 g d'olives noires

Préchauffez le gril du four ou faites chauffer un gril en fonte.

Dans un saladier, mélangez les pois chiches, le jus de citron, le persil et la coriandre, l'huile d'olive, l'ail, le tamari, le Tabasco. Salez, poivrez, réservez.

Taillez le halloumi en tranches de 1/2 cm d'épaisseur. Badigeonnez-le d'huile d'olive et faites-le griller 1 minute de chaque côté, jusqu'à ce qu'il soit bien doré.

Dans chaque assiette, dressez un petit tas de roquette ou d'épinards. Répartissez la salade de pois chiches, décorez de tomates et d'olives. Déposez sur le tout le halloumi grillé, 3 tranches environ. Arrosez du reste de sauce et servez avec du pain chaud.

Poivron rouge, asperges et courgettes
aux haricots soissons

Utilisez de préférence les haricots soissons vendus en bocaux ; les *judion* de marques espagnoles sont similaires et particulièrement fondants. La quantité de vinaigrette est généreuse, mais elle se conserve une bonne semaine au réfrigérateur. Faites-la légèrement chauffer avant de la servir allongée de 1-2 cuillerées à soupe d'eau. Comme elle est très riche, utilisez-la avec discernement.

2-4 PERSONNES
275 g d'asperges vertes parées
3 cuil. à soupe d'huile d'olive
1 courgette parée, coupée en rubans longitudinaux de 1/2 cm d'épaisseur
1 poivron rouge, épépiné et débarrassé des veines intérieures, coupé en 8 morceaux
1 cuil. à soupe de persil plat très finement haché
200 g de haricots soissons cuits en bocal, égouttés, et 1 cuil. à soupe de leur eau de conserve
1 trait de Tabasco

vinaigrette
2 cuil. à soupe d'huile d'olive extra-vierge
6 cuil. à soupe de vinaigre balsamique
1 cuil. à soupe de tamari
1 cuil. à café de cassonade
3 gousses d'ail, finement écrasées
4 cuil. à soupe de Cointreau ou de jus d'orange

Portez à ébullition de l'eau dans une casserole. Faites-y blanchir les asperges 2 minutes, rafraîchissez-les immédiatement sous l'eau froide courante.

Réunissez tous les ingrédients de la vinaigrette dans une petite casserole à fond épais. Portez à ébullition, baissez le feu et faites réduire doucement jusqu'à obtention d'un jus sirupeux. Réservez.

Faites chauffer un gril ou une poêle en fonte. Badigeonnez de 2 cuillerées à soupe d'huile d'olive les asperges, les tranches de courgette et le poivron rouge, et faites griller jusqu'à ce que les légumes soient bien saisis et un peu noircis par endroits. Vous aurez sans doute à vous y prendre en plusieurs fois. Au fur et à mesure, débarrassez les légumes dans un saladier. Ajoutez 1 cuillerée à soupe de vinaigrette et mélangez doucement.

Incorporez le persil haché aux haricots soissons ainsi que l'eau de conserve réservée, le reste de l'huile d'olive et le Tabasco. Répartissez dans les assiettes et couvrez des légumes grillés. Servez arrosé d'un peu de vinaigrette.

Fèves aux champignons de paille, aux pousses d'épinard et au chèvre

Comme vous pouvez le voir sur la photo, je retire la peau des fèves, mais considérez cela comme facultatif à moins que cette peau ne soit épaisse et amère. J'utilise pour cette recette un chèvre cylindrique demi-sec, blanc ou cendré, ou une variété possédant une couche cendrée sous la croûte blanche. Les champignons de paille (volvaires) se trouvent en boîte dans les alimentations chinoises.
Si vous n'en trouvez pas, passez-vous-en.

4 PERSONNES
550 g de fèves surgelées
3 cuil. à soupe d'huile d'olive
1 cuil. à café de tamari
2 cuil. à café de vinaigre balsamique
1 gousse d'ail, écrasée
8 fonds d'artichaut entiers conservés à l'huile d'olive, coupés en tranches
8 tomates séchées, grossièrement émincées
60 g de champignons de paille en conserve, égouttés et coupés en deux
12 petites pommes de terre nouvelles, coupées en tranches épaisses
fleur de sel
60 g de pousses d'épinard, lavées et essorées
150 g de fromage de chèvre cylindrique

Portez à ébullition de l'eau salée dans une casserole. Ajoutez les fèves et faites-les cuire 5-7 minutes au retour de l'ébullition. Elles doivent être tendres.

Pendant ce temps, dans un saladier, mélangez 2 cuillerées à soupe d'huile d'olive, le tamari, le vinaigre balsamique, l'ail, les artichauts, les tomates séchées et les champignons de paille.

Égouttez les fèves cuites et ajoutez-les au contenu du saladier.

Faites chauffer un gril ou une poêle en fonte, ajoutez la cuillerée d'huile d'olive restante. Faites-y dorer les tranches de pomme de terre sur les deux faces jusqu'à ce qu'elles soient rissolées et bien tendres. Salez, incorporez rapidement au reste de la salade. Ajoutez au tout dernier moment les pousses d'épinard, répartissez dans les assiettes et déposez 1-2 tranches de fromage de chèvre sur chaque portion. Servez sans attendre.

Pousses d'épinard, mangue grillée et tofu au sésame

J'avais déjà inclus cette salade dans mes deux précédents livres, mais comme je l'adore – la mangue, les épinards et le tofu vont si bien ensemble – j'ai décidé d'y ajouter un petit supplément d'arôme. Une bouteille de liqueur au gingembre m'a fourni l'inspiration. À défaut, utilisez 1 cuillerée à soupe de gingembre confit très finement haché ou la même quantité de confiture de gingembre. Dans ce dernier cas, diminuez la quantité de vergeoise.

2 PERSONNES
275 g de tofu ferme, coupé en 12 tranches épaisses
1 cuil. à soupe de tamari
2 cuil. à soupe d'huile d'olive
1 cuil. à soupe de graines de sésame
1 petite mangue mûre mais ferme, parfumée, coupée en 12 tranches
250 g de pousses d'épinard, bien lavées et essorées
1/2 oignon rouge, taillé en très fines tranches
fleur de sel, poivre du moulin

vinaigrette
1 cuil. à soupe de liqueur au gingembre, de gingembre confit très finement haché ou de confiture de gingembre
1 cuil. à soupe de vergeoise brune
le jus de 2 cm de gingembre frais, finement râpé et pressé
1 trait de Tabasco

Trempez les tranches de tofu dans le tamari. Dans une poêle, faites chauffer 1 cuillerée à soupe d'huile d'olive. Ajoutez le tofu, le sésame, faites frire jusqu'à ce que le tofu soit bien doré et largement recouvert de graines de sésame. Retirez de la poêle le tofu et le sésame, réservez.

Dans la même poêle, faites chauffer le reste de l'huile d'olive. Faites-y sauter les tranches de mangue quelques secondes de chaque côté, jusqu'à ce qu'elles soient bien dorées.

Jetez les pousses d'épinard dans une poêle antiadhésive chaude, faites-les juste fondre et pressez-les pour éliminer le liquide. Ajoutez l'oignon en réservant quelques rondelles pour la garniture. Assaisonnez légèrement : sel, poivre et un peu d'huile d'olive. Gardez au chaud pendant que vous préparez la sauce.

Dans la poêle où vous avez fait dorer le tofu et la mangue versez la liqueur de gingembre (ou la confiture, ou le gingembre confit avec un peu d'eau) et la vergeoise, faites chauffer sur feu doux jusqu'à dissolution complète du sucre et légère ébullition du liquide. Incorporez alors rapidement le jus de gingembre et le Tabasco. Retirez du feu.

Répartissez les épinards dans deux assiettes. Décorez des tranches de mangue, du tofu au sésame et de rondelles d'oignon. Arrosez de la sauce et servez.

5

Faites vos pâtes les yeux fermés

Ça paraît évident, mais les pâtes sont si vite préparées, si adaptables, si simples que j'en fait au moins deux fois par semaine. Nous avons tous nos recettes de pâtes favorites, des préparations sur lesquelles on peut toujours compter et qu'on cuisine presque les yeux fermés.

Pappardelle aux cèpes et au cognac

Les paquets de pappardelle du commerce mentionnent tous que la quantité est prévue pour quatre personnes. C'est correct pour une entrée, ainsi que les Italiens consomment les pâtes ; mais c'est un peu juste pour nous, qui servons les pâtes en plat principal. En fait, j'estime qu'un paquet convient à trois portions généreuses. J'aime servir avec ces pappardelle quelques tomates entières rôties au four, un plat d'épinards juste fondus à la poêle et une salade verte.

3-4 PERSONNES
1 cuil. à soupe d'huile d'olive
250 g de pappardelle
25 g de beurre
2-3 gousses d'ail, très finement hachées ou écrasées
1 cuil. à soupe de cognac ou de grappa
50 g de cèpes séchés (de préférence italiens), trempés 10 minutes dans 30 cl d'eau
8 cuil. à soupe de crème fraîche épaisse
1 petit bouquet de basilic frais
fleur de sel, poivre noir du moulin
parmesan fraîchement râpé pour le service (facultatif)

Portez à ébullition une grande casserole d'eau salée, ajoutez l'huile d'olive. Faites-y cuire les pâtes selon les instructions mentionnées sur l'emballage.

Pendant ce temps, faites fondre le beurre dans une petite casserole. Ajoutez l'ail, remuez bien avec un petit fouet ou une fourchette. Ajoutez l'alcool sans cesser de fouetter, puis les cèpes égouttés et légèrement pressés (réservez l'eau de trempage). Faites cuire 1 minute, ajoutez la crème et laissez bouillonner encore 1 minute. Ajoutez l'eau de trempage des cèpes, laissez cuire encore 10 minutes et réduire d'un tiers. 2 minutes avant la fin de cette cuisson, ajoutez une petite branche de basilic et retirez-la avant de servir. La sauce devrait être prête à peu près en même temps que les pâtes.

Égouttez soigneusement les pâtes, remettez-les dans la casserole chaude et ajoutez la sauce. Salez, poivrez, mélangez bien et servez immédiatement, garni des feuilles du basilic restant, avec ou sans parmesan.

Linguine aux petits pois, à la laitue braisée, à l'ail et au parmesan

Pour cette recette, je déconstruis celle des classiques petits pois à l'ancienne, braisés à la laitue, et je mets la laitue au premier plan.

2 PERSONNES
2 cuil. à soupe d'huile d'olive
2 échalotes, finement hachées
2 gousses d'ail, taillées en tranches
200 g de petits pois surgelés
10 cl de crème fraîche épaisse
fleur de sel, poivre noir du moulin
2 laitues naines « Little Gem » ou 2 cœurs de laitue bien pommés, coupés en quartiers
10 cl de bouillon de légumes chaud préparé avec 1/4 de cube
350 g de linguine fraîches
30 g de parmesan fraîchement râpé ou en copeaux

Portez à ébullition de l'eau salée dans une grande casserole.

Faites chauffer 1 cuillerée à soupe d'huile d'olive dans une poêle, faites-y frire les échalotes et 1 gousse d'ail jusqu'à ce que le mélange soit translucide. Ajoutez les petits pois, remuez 3-4 minutes, et dès que les pois sont complètement décongelés ajoutez la crème fraîche. Salez, poivrez, laissez cuire 2-3 minutes sur feu doux. Débarrassez dans un grand saladier chauffé, gardez au chaud.

Dans la même poêle, faites légèrement revenir la seconde gousse d'ail dans le reste de l'huile d'olive. Ajoutez les quartiers de laitue, le bouillon chaud, faites braiser 10 minutes ou jusqu'à ce que les laitues soient tendres. Il doit rester un peu de liquide.

Pendant ce temps, faites cuire les pâtes 4 minutes environ, ou selon les instructions mentionnées sur l'emballage. Égouttez-les soigneusement et ajoutez-les au contenu du saladier. Déposez les laitues sur les pâtes, ajoutez le parmesan et servez immédiatement.

Spaghetti aux tomates fraîches,
à l'ail et à la roquette

Voici une sauce d'été haute en couleur et en saveur, qui ne nécessite pratiquement aucune cuisson.

2 PERSONNES
250 g de spaghetti
4 cuil. à soupe d'huile d'olive
6 grosses gousses d'ail, taillées en tranches fines
900 g de tomates bien mûres, mondées (page 14), épépinées et grossièrement concassées
12 olives noires dénoyautées
fleur de sel, poivre noir du moulin
50 g de roquette, lavée et essorée
1 cuil. à soupe de pistaches grossièrement concassées
parmesan fraîchement râpé pour le service

Portez à ébullition de l'eau salée dans une grande casserole. Faites-y cuire les spaghetti 12 minutes, ou selon les instructions mentionnées sur l'emballage.

Pendant ce temps, faites chauffer l'huile dans une poêle. Ajoutez l'ail et faites-le juste prendre couleur. Retirez du feu, retirez l'ail et réservez-le. Juste avant que les pâtes soient cuites, remettez la poêle sur feu doux pour chauffer l'huile.

Égouttez les pâtes, versez-les dans l'huile chauffée ; ajoutez l'ail, les tomates concassées et les olives. Salez et poivrez, ajoutez la roquette qui doit légèrement fondre. Incorporez doucement les pistaches, réservez-en quelques-unes pour la garniture.

Servez immédiatement, décoré du reste des pistaches. Accompagnez de parmesan.

Linguine à l'huile d'olive, au citron, au basilic, au parmesan et au poivre noir

Avec des pâtes fraîches, vous obtiendrez un plat très élégant en 5 minutes. Assurez-vous que votre saladier peut passer quelques instants à four doux.

4 PERSONNES
12 cl d'huile d'olive extra-vierge
50 g de parmesan râpé
2 gousses d'ail, écrasées
le jus de 1 citron non traité, et un peu de zeste finement haché pour la garniture
poivre noir du moulin
500 g de linguine sèches, ou 750 g de linguine fraîches
1 poignée de feuilles de basilic frais, grossièrement hachées

Portez à ébullition de l'eau salée dans une grande casserole. Préchauffez le four à 160 °C (th. 4).

Pendant ce temps, réunissez l'huile d'olive, le parmesan, l'ail et le jus de citron dans un saladier assez grand pour contenir les pâtes. Donnez plusieurs tours de moulin à poivre. Placez le saladier dans le four préchauffé.

Faites cuire les pâtes 4 minutes environ si elles sont fraîches, 12-14 minutes si elles sont séchées (suivez les instructions mentionnées sur l'emballage). Égouttez soigneusement et mélangez les pâtes au contenu du saladier.

Garnissez du zeste de citron haché et des feuilles de basilic hachées, et servez immédiatement.

Spaghetti à la sauce de tomate rôtie

Servez avec un grand bol de parmesan fraîchement râpé et une baguette chauffée au four, tartinée de beurre à l'ail et au basilic – c'est divin.

2 PERSONNES
500 g de tomates bien mûres, coupées en deux
3 cuil. à soupe d'huile d'olive
2 gousses d'ail, écrasées
1 pincée de sucre (facultatif)
fleur de sel, poivre du moulin
1 poignée de feuilles de basilic frais
250 g de spaghetti

Préchauffez le four à 230 °C (th. 8). Mélangez l'huile, l'ail et le sucre (si vous le désirez), salez et poivrez, badigeonnez les tomates de ce mélange. Faites cuire 20 minutes au four. Mixez les tomates chaudes (pelez-les si vous voulez), puis incorporez le basilic.

Pendant la cuisson des tomates, portez à ébullition de l'eau salée dans une grande casserole. Faites-y cuire les spaghetti selon les instructions mentionnées sur l'emballage. Égouttez-les et mélangez-les à la sauce. Servez immédiatement.

Vous pouvez ajouter à la sauce une des garnitures suivantes :
dés de mozzarella ajoutés à la sauce bien chaude
50 g d'olives noires
dés d'aubergine grillés ou frits
1 boîte de haricots blancs égouttés
1 poignée d'épinards ou de roquette fondue à la poêle

Ou alors, taillez un bulbe de fenouil paré en 4 quartiers, faites cuire doucement à l'étouffée dans un peu d'eau avec de l'ail émincé et un trait d'huile d'olive, et quand le fenouil est tendre, ajoutez-le à la sauce.

Spaghetti au pesto

Pour la recette du pesto de base, reportez-vous à la page 15. Vous pouvez acheter du pesto de bonne qualité, en bocal ou au détail, dans les alimentations italiennes, qui en proposent parfois du fait maison. D'habitude je ne mélange pas les farineux, comme ici les pommes de terre et les pâtes, mais dans ce cas l'association marche à merveille – le pesto n'adhère pas de la même façon aux unes et aux autres.

2 PERSONNES
250 g de spaghetti
4-6 petites pommes de terre nouvelles, grattées, lavées et coupées en tranches de 1/2 cm au plus
100 g de haricots verts parés et effilés
70 g de pesto au basilic
fleur de sel, poivre noir du moulin
30 g de parmesan râpé ou en copeaux

Portez à ébullition de l'eau salée dans une grande casserole. Faites-y cuire les spaghetti selon les instructions mentionnées sur l'emballage. À mi-cuisson, ajoutez les pommes de terre et les haricots verts.

Dans un grand saladier, mélangez le pesto avec 1 cuillerée à soupe de l'eau de cuisson des pâtes et des légumes.

Lorsque les pâtes et les légumes sont cuits, égouttez-les, puis ajoutez le pesto. Remuez doucement et soigneusement de façon à ne pas briser les tranches de pomme de terre. Salez à votre goût, poivrez.

Servez immédiatement saupoudré de parmesan, ou servez celui-ci à part.

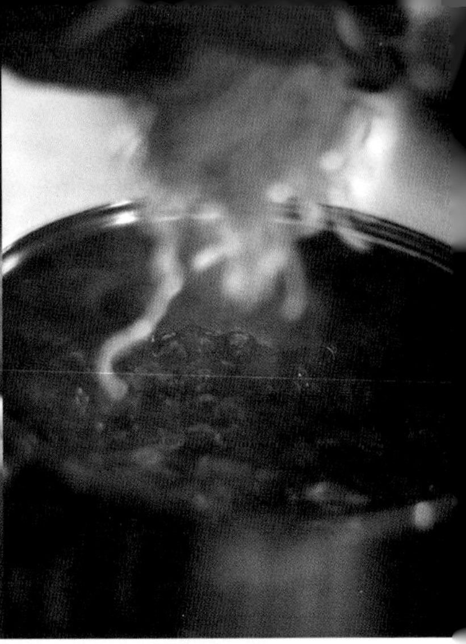

Spaghetti à la trévise rouge,
à la fontina et aux noix

L'amertume de la trévise n'est pas du goût de tous, mais vous découvrirez que le vin et le fromage crémeux équilibrent cette saveur pour produire un plat doux-amer. C'est une préparation assez sophistiquée. L'amertume sera limitée si vous utilisez des endives ou de la trévise longue.

2 PERSONNES
4 cuil. à soupe d'huile d'olive, ou 2 cuil. à soupe d'huile d'olive et 30 g de beurre
1 oignon rouge, finement haché
1 gousse d'ail, taillée en tranches fines
400 g de trévise en boule (2 grosses boules) taillée en fine chiffonnade
5 cuil. à soupe de vin blanc sec
10 cl de bouillon de légumes chaud préparé avec 1/4 de cube
100 g de fontina, de tomme d'Abondance ou de bon fromage à raclette, taillé en petits dés
1 poignée de feuilles de basilic
1 poignée de feuilles de persil plat, finement hachées
250 g de spaghetti frais
fleur de sel, poivre noir du moulin
2 noix, décortiquées et grossièrement concassées
60 g de parmesan en copeaux

Portez à ébullition de l'eau salée dans une grande casserole. Ajoutez 1 cuillerée à soupe d'huile d'olive et laissez frémir jusqu'à utilisation.

Faites chauffer l'huile d'olive restante (et le beurre) dans une poêle. Ajoutez l'oignon, faites-le revenir jusqu'à ce qu'il commence à dorer. Ajoutez l'ail, faites dorer encore 2 minutes. Ajoutez la chiffonnade de trévise et remuez jusqu'à ce qu'elle brunisse (2 minutes environ). Versez le vin blanc et le bouillon, portez à ébullition et laissez frémir sur feu doux jusqu'à évaporation du liquide. Ajoutez la fontina, la presque totalité des herbes, retirez du feu et laissez reposer.

Augmentez le feu sous la casserole. Au retour de l'ébullition, faites-y cuire les spaghetti 2-3 minutes. Égouttez-les immédiatement et mélangez-les au contenu de la poêle. Le fromage fondra à la chaleur. Salez et poivrez.

Servez immédiatement, garni des herbes restantes, des noix concassées et des copeaux de parmesan.

Spaghetti à l'œuf,
aux oignons dorés et à la sauge frite

Je conseille de préparer cette recette avec des pâtes séchées plutôt que fraîches, car il faut les remuer avec l'œuf pour cuire celui-ci, ce qui a tendance à rendre les pâtes fraîches un peu gluantes. De plus, la cuisson des pâtes séchées vous donne le temps de faire frire les oignons et la sauge afin d'obtenir un superbe plat en 15 minutes.

2 PERSONNES
300 g de spaghetti
4 gros œufs bio
4 cuil. à soupe de crème fraîche épaisse
fleur de sel, poivre noir du moulin
6 cuil. à soupe d'huile d'olive légère
1/2 gros oignon, taillé en fines demi-lunes
1 petite poignée de feuilles de sauge fraîche
1 citron, coupé en quartiers

Portez à ébullition de l'eau salée dans une grande casserole. Faites-y cuire les pâtes selon les instructions mentionnées sur l'emballage.

Pendant ce temps, battez les œufs avec la crème fraîche, salez et poivrez. Placez deux assiettes creuses ou deux bols dans un four à chaleur moyenne.

Faites chauffer l'huile d'olive dans une petite poêle, faites-y frire l'oignon sur feu moyen en remuant jusqu'à ce qu'il soit bien doré et croustillant. Retirez-le avec une écumoire et égouttez sur du papier absorbant. Gardez l'huile au chaud.

Égouttez les pâtes et remettez-les dans la casserole chaude. Versez-y immédiatement le mélange œuf-crème et remuez doucement sur feu très doux jusqu'à ce que la sauce épaississe. Retirez du feu, en remuant largement une dernière fois. Faites frire pendant quelques secondes les feuilles de sauge dans la poêle chaude.

Répartissez immédiatement les pâtes dans les assiettes ou les bols chauffés, parsemez d'oignon doré et de feuilles de sauge frites. Servez accompagné des quartiers de citron. Une salade verte assaisonnée d'une vinaigrette bien acide ira bien avec ces pâtes, de même que des cornichons, pourquoi pas…

Orecchiette au brocoli,
aux amandes et au taleggio

Si vous êtes vraiment pressée, faites griller des amandes effilées. Si vous disposez d'un peu de temps, faites rôtir au four 50 g d'amandes mondées et émincez-les ensuite en tranches fines.

2 PERSONNES
250 g d'orecchiette
4 cuil. à soupe d'huile d'olive
2 gousses d'ail, finement hachées
2 blancs de poireau, taillés en tranches
fleur de sel, poivre noir du moulin
450 g de brocolis détaillés en petits bouquets
10 cl de vin blanc sec
50 g de taleggio, de brie écroûté ou de tout autre fromage à pâte molle, coupé en petits dés
50 g d'amandes effilées, grillées

Portez à ébullition de l'eau salée dans une grande casserole. Faites-y cuire les orecchiette 12-14 minutes, ou selon les instructions mentionnées sur l'emballage.

Pendant ce temps, faites chauffer l'huile d'olive dans une poêle. Ajoutez l'ail et les poireaux, faites cuire 2-3 minutes jusqu'à ce que les légumes soient bien fondus. Salez un peu, poivrez, ajoutez les bouquets de brocoli. Faites sauter encore 1 minute, puis versez la moitié du vin. Faites évaporer, puis ajoutez le reste du vin et faites réduire 4 minutes environ sur feu moyen.

Égouttez les pâtes, ajoutez-les au contenu de la poêle. Mélangez bien en ajoutant les dés de fromage et les amandes. Servez immédiatement et passez le moulin à poivre.

Linguine aux asperges et à l'huile de truffe

On appelle ça des pâtes pour millionnaire. Pendant que vous y êtes, utilisez de vraies truffes blanches ! Avec le coût de cette recette vous pourriez préparer trois repas familiaux, mais si vous n'êtes que deux, pourquoi hésiter ? Ça vous reviendra de toute manière moins cher que n'importe quel traiteur, et les arômes sont si délicats et si raffinés qu'ils vous inspireront une sensation de luxe, de calme et de volupté. Ne frémissez pas en découvrant la quantité d'huile de truffe : sa saveur est évanescente ; celle que j'utilise est surtout une huile d'olive imprégnée de ce parfum de rêve.

2 PERSONNES
1 gousse de vanille
350 g de linguine fraîches
1 botte d'asperges vertes (450 g environ), pointes seulement
10 cl d'huile de truffe
2 truffes noires fraîches au moins, très finement tranchées avec un couteau économe
15 g de parmesan en copeaux
poivre noir du moulin

Portez à ébullition de l'eau salée dans une grande casserole. Ajoutez la gousse de vanille, faites-la bouillir 1 minute, puis retirez-la.

Faites cuire les linguine dans l'eau bouillante vanillée, puis ajoutez les pointes d'asperges. Au bout de 4 minutes, égouttez soigneusement, débarrassez dans un saladier chauffé et ajoutez immédiatement l'huile de truffe.

Répartissez dans deux assiettes creuses chauffées, décorez des tranches de truffe noire et des copeaux de parmesan. Donnez 2 tours de moulin à poivre et servez.

6

Œufs et fromages en un tournemain

On trouve de plus en plus facilement des œufs de poules élevées en plein air et même des œufs bio de gros calibre. Bien que plus chers, ils ont le goût de ce qu'ils doivent être. Mangez-en moins, s'il le faut, mais n'achetez que le meilleur. Je suis assez souple pour pas mal de choses, mais sur les œufs, je suis intraitable.

Frittata aux pommes de terre, aux champignons et aux tomates

C'est un des classiques de ma cuisine, car je ne m'imagine pas manquer de ces trois ingrédients de base. Cependant, je prépare aussi une frittata au brocoli et au brie : remplacez les champignons, les pommes de terre et les tomates par 200 g de petits bouquets de brocoli blanchis et 150 g de brie bien crémeux, à ajouter à mi-cuisson. On peut aussi essayer un mélange de poivrons rouges, de feta et d'olives noires ; ou une bonne poignée d'épinards tombés à la poêle et quelques tranches de chèvre. Les possibilités sont illimitées, l'essentiel étant d'éviter la surcuisson.

2-4 PERSONNES
4 gros œufs de poules élevées en plein air ou d'élevage biologique
2 cuil. à soupe de crème fraîche épaisse
fleur de sel, poivre noir du moulin
3 cuil. à soupe d'huile d'olive
350 g de pommes de terre, pelées et taillées en petits dés
1 gousse d'ail, taillée en fines tranches
90 g de petits champignons de Paris, entiers ou coupés en deux selon la taille
180 g de tomates, coupées en quartiers

Fouettez ensemble les œufs, la crème, le sel et le poivre. Réservez.

Dans une poêle antiadhésive, faites chauffer 2 cuillerées à soupe d'huile, ajoutez les pommes de terre et l'ail, faites frire 10 minutes sur feu moyen ; les pommes de terre doivent être dorées. Ajoutez un peu d'eau si nécessaire pour leur éviter d'attacher, mais laissez-la toujours évaporer complètement avant d'en rajouter. Idéalement, les pommes de terre doivent commencer à être croustillantes.

Ajoutez alors la dernière cuillerée d'huile, faites chauffer. Ajoutez les champignons et faites sauter 1 minute.

Ajoutez les quartiers de tomate, salez, poivrez, faites cuire encore 1 minute.

Versez alors les œufs battus. Baissez le feu et faites cuire sur feu doux jusqu'à ce que le mélange soit pris. Pour ce faire, coupez-le et soulevez-le plusieurs fois pour faire cuire uniformément. Le plus simple, pour faire cuire la surface, est de passer la frittata sous le gril quelques secondes, mais pas trop longtemps, l'ensemble devant rester moelleux. Pour un effet somptueux, servez accompagné d'un petit bol de chermoula (page 17) ou en ajoutant 1-2 cuillerées à soupe de chermoula aux pommes de terre et aux champignons.

Œufs cocotte aux épinards et à la crème

Je vais vous donner un temps de cuisson, mais pas à la minute près, et pas avant de vous avoir fait jurer que vous surveillerez le four en permanence. Dans le mien, j'ai compté 22 minutes à 190 °C, mais j'ai vu des recettes similaires mentionnant 20 minutes à 180 °C et 18 minutes à 200 °C. Vous savez autant que moi comment le blanc d'œuf passe en 1 minute du stade gluant-dégoûtant à celui de la prise ferme, et comment le jaune passe de mollet à dur en moins de temps qu'il n'en faut pour dénouer son tablier. Dans un monde parfait, j'utiliserais moitié oseille et moitié épinards, mais l'oseille est décidément difficile à trouver. Quant aux œufs, quand ils constituent l'élément d'une recette, pourquoi lésiner sur la qualité ?

2 PERSONNES
4 cuil. à soupe de beurre ramolli
1 cuil. à soupe d'huile d'olive
1 gousse d'ail, très finement hachée (facultatif)
350 g d'épinards, lavés et essorés
fleur de sel, poivre noir du moulin
1 pincée de noix de muscade fraîchement râpée
6 cuil. à soupe de crème fraîche épaisse
4 gros œufs bio

Préchauffez le four à 190 °C (th. 5-6). Beurrez un petit ramequin ou un moule à soufflé rond de 20 cm de diamètre, ou deux plus petits.

Dans une casserole, faites chauffer l'huile. Si vous utilisez l'ail, faites-le fondre doucement 1 minute. Ajoutez les épinards et remuez sur feu vif jusqu'à ce qu'ils fondent. Éliminez l'excès de liquide ; salez, poivrez, muscadez. Répartissez les épinards dans le ou les ramequins. Égalisez la surface, puis creusez-y quatre trous bien nets pour recevoir d'abord la crème, puis les œufs cassés avec précaution.

Faites cuire 22 minutes au four (mais lisez l'introduction de la recette). Servez immédiatement. Oserez-vous un soupçon de harissa avec ce plat ?

« Quand j'étais adolescente et que j'ai inventé ces “soufflés” avec

Soufflés au cottage cheese et au thym

Quand j'étais adolescente et que je comptais les calories, j'ai inventé ces « soufflés » avec l'intention de créer des recettes savoureuses et basses calories. Non, jamais de crème fraîche, si vous tenez à le savoir. J'ai cessé, depuis, de me prendre la tête (et je n'en suis ni plus grosse ni plus maigre), alors revoici la crème. Des ajouts possibles : quelques grains de maïs doux sautés, quelques petits pois, les bouquets d'une petite tête de brocoli brièvement blanchis à l'eau bouillante. Ou alors, vous pouvez servir ces légumes en accompagnement.

4 PERSONNES
2 cuil. à café de beurre fondu
2 œufs, blancs et jaunes séparés
50 g de parmesan râpé
100 g de cottage cheese
1/2 cuil. à café de thym frais, finement effeuillé
3 cuil. à soupe de crème fraîche épaisse
fleur de sel, poivre noir du moulin

Préchauffez le four à 180 °C (th. 4-5). Beurrez quatre ramequins individuels.

Mélangez les jaunes d'œufs, le parmesan, le cottage cheese, le thym et la crème fraîche. Salez, poivrez, réservez.

Battez les blancs d'œufs en neige ferme, incorporez-les doucement à la préparation réservée, à l'aide d'une spatule, en soulevant le mélange. Répartissez celui-ci dans les ramequins et faites cuire 12-15 minutes au four, jusqu'à ce que les soufflés soient gonflés et dorés.

Servez immédiatement avec une salade d'herbes poivrées, cresson ou roquette par exemple.

je comptais les calories,
l'intention de créer des recettes
savoureuses et basses calories. »

Gnocchi au dolcelatte, au brocoli et à la courge rôtie

La recette est longue, mais je vous promets que ces gnocchi sont un jeu d'enfant et qu'ils sont hauts en saveur. Le dolcelatte est un bleu italien très crémeux, souvent appelé « gorgonzola doux ». Vous pouvez le remplacer par tout autre bleu crémeux à saveur douce.

4 PERSONNES
450 g de ricotta
100 g de semoule de blé ultrafine ou de farine de type 55 à 70
3 cuil. à soupe de polenta précuite
le jaune de 3 gros œufs
1 belle pincée de noix de muscade fraîchement râpée
4 cuil. à soupe de feuilles de persil plat hachées
1 grosse gousse d'ail, hachée
8 cuil. à soupe de noix décortiquées, finement hachées, plus 2 noix décortiquées pour la garniture
90 g de dolcelatte (ou de fourme d'Ambert crémeuse, ou de bleu de Bresse)

sauce
150 g de petits bouquets de brocoli
30 g de beurre
100 g de dolcelatte (ou de fourme d'Ambert crémeuse, ou de bleu de Bresse)
3 cuil. à soupe de crème fraîche épaisse

courge rôtie
1 cuil à soupe d'huile d'olive
1/2 cuil. à café de tamari
1 trait de Tabasco
1 petite courge sucrine, évidée mais non pelée, coupée en 12 longues tranches
poivre noir du moulin

Préchauffez le four à la température maximale. Mélangez l'huile d'olive, le tamari et le Tabasco et badigeonnez-en les tranches de courge. Déposez-les sur une plaque et faites-les cuire au four 25 minutes environ, jusqu'à ce qu'elles soient tendres et caramélisées.

Pendant ce temps, mélangez dans un saladier les ingrédients des gnocchi. Formez une boule homogène. La pâte doit être molle, légèrement collante. Si elle se détache trop nettement des parois du saladier, ajoutez un peu de jaune d'œuf ou de ricotta. Laissez reposer quelques minutes au réfrigérateur.

Portez à ébullition de l'eau salée dans une grande casserole. Faites-y blanchir les bouquets de brocoli 1 minute, retirez-les avec une écumoire. Baissez le feu, laissez frémir l'eau en attendant de cuire les gnocchi.

Préparez la sauce : dans une petite casserole, sur feu doux, réunissez le beurre, le fromage, la crème, 5 cuillerées à soupe d'eau de cuisson du brocoli et un peu de poivre noir. Laissez fondre en remuant une ou deux fois. Réservez.

Farinez vos mains et façonnez des gnocchi de 4 cm de longueur. Vous pouvez les laisser « mal dégrossis » ou confectionner de longs boudins que vous couperez en petits tronçons.

Portez l'eau à ébullition, testez la fermeté d'un gnocchi en le jetant dans l'eau bouillante. Si, au bout de 45 secondes, il remonte à la surface sans s'être désagrégé, c'est bon, vous pouvez y aller. Dans le cas contraire, ajoutez un peu de farine. Faites cuire les gnocchi en plusieurs fois, 45 secondes à la fois. Retirez-les avec une écumoire et débarrassez-les dans un plat creux chauffé.

Faites réchauffer la sauce et ajoutez-y le brocoli. Répartissez la sauce dans les assiettes, ajoutez les gnocchi, poivrez et parsemez de noix concassées. Déposez sur le bord de chaque assiette 2-3 tranches de courge rôtie et servez le reste à part.

Soufflés à la feta, toasts à l'olive noire

Ils feront comme tous les soufflés : ils retomberont au sortir du four. Mais ils n'en seront pas moins délicieux et crémeux. Ce serait dommage que vos invités ne les voient pas dans toute leur splendeur dorée : assurez-vous que ceux-ci sont sagement assis à table au moment où vous apportez les soufflés, juste sortis du four. N'utilisez que de la feta grecque ou bulgare ; les autres (y compris la française) n'en sont pas.

4 PERSONNES
30 g de beurre, plus un peu pour beurrer les ramequins
30 g de farine
15 cl de lait
2 jaunes d'œufs
1 cuil. à soupe de parmesan fraîchement râpé, plus un peu pour le saupoudrage final
125 g de feta grecque, émiettée
1 pincée de noix de muscade fraîchement râpée
1,5 blanc d'œuf

pour le service
1 poivron rouge, épépiné, coupé en 8 lanières
2 cuil. à soupe d'huile d'olive légère et fruitée
4 tranches de pain grillé, découpées en triangles
50 g d'olives noires, dénoyautées et grossièrement hachées
1 botte de cresson, lavée et essorée
vinaigrette (page 16)

Préchauffez le four à 180 °C (th. 4-5). Beurrez quatre ramequins.

Faites fondre le beurre dans une petite casserole. Versez-y la farine et faites cuire 1 minute sur feu moyen en remuant avec une spatule. Retirez du feu et incorporez peu à peu le lait. Remettez sur le feu et fouettez constamment jusqu'à ce que la sauce épaississe. Retirez de nouveau du feu et incorporez, en fouettant vigoureusement, les jaunes d'œufs, les deux fromages et la noix de muscade. Remuez bien pour aérer.

Battez le blanc d'œuf en neige ferme, incorporez-le délicatement à la sauce tiède. Répartissez le tout dans les ramequins à l'aide d'une cuillère, et faites cuire au four, au bain-marie, 20 minutes environ, jusqu'à ce que les soufflés soient gonflés et dorés. Éteignez le four mais laissez-y les soufflés encore 1 minute, porte ouverte.

Pendant ce temps, faites chauffer un gril en fonte. Badigeonnez le poivron rouge d'huile d'olive et faites-le griller au four jusqu'à ce qu'il soit bien souple. Débarrassez dans une assiette et arrosez du reste d'huile d'olive. Déposez les lanières de poivron sur les triangles de toast, couvrez d'olives noires hachées. Assaisonnez le cresson de vinaigrette et servez le tout avec les soufflés.

Fondue suisse

La fondue est un plat réservé au temps froid ; les Suisses ont élevé sa dégustation au niveau d'un art. Accompagnez-la de vin – du vin dont vous vous êtes servie pour la recette, donc choisissez-le bien – ou de toute boisson chaude, mais jamais d'eau froide, qui coagule le fromage et provoque je ne sais quelle calamité digestive. Pour contrebalancer tout ce cholestérol, servez une salade d'oignons bien vinaigrée et, pour éponger le tout, beaucoup d'hydrates de carbone : pain, pommes de terre…

4-6 PERSONNES
1 grosse gousse d'ail, coupée en deux
40 cl de vin blanc sec (vin de Savoie, blanc suisse ou muscadet)
1 cuil. à café de jus de citron frais
350 g de gruyère râpé
350 g d'emmental râpé
1 cuil. à café de Maïzena
2 cuil. à soupe de kirsch
1 grosse pincée de noix de muscade râpée

salade d'oignons
4 gros oignons doux, taillés en tranches fines
4 cuil. à soupe d'huile d'arachide
1 cuil. à café de vinaigre de vin
2 cuil. à café de moutarde forte de Dijon
1 cuil. à soupe de vin blanc sec (le même que ci-dessus)
fleur de sel, poivre noir du moulin

pour le service
1 baguette légèrement rassise, coupée en petits dés
1 saladier de petites pommes de terre nouvelles bouillies et chaudes

Pour faire la salade d'oignons, portez à ébullition une casserole d'eau salée. Ajoutez les oignons en tranches, retirez immédiatement du feu et laissez-les tremper 5 minutes pour les attendrir. Égouttez soigneusement. Confectionnez une vinaigrette avec les autres ingrédients de la salade et incorporez-la aux oignons tièdes. Laissez refroidir.

Frottez l'intérieur d'un poêlon à fondue avec la gousse d'ail coupée, ajoutez le vin et le jus de citron, faites chauffer sur feu doux jusqu'à frémissement. Baissez le feu et ajoutez les fromages, une poignée à la fois, sans cesser de remuer avec une cuillère en bois. Le fromage doit bouillonner légèrement et fondre dans le vin jusqu'à former une sauce homogène.

Dans un bol, mélangez la Maïzena et le kirsch, incorporez doucement ce mélange à la fondue. Quand la sauce est de nouveau lisse, poivrez et muscadez, portez le poêlon à table sur un réchaud à fondue. Servez avec du pain, les pommes de terre et la salade d'oignons.

7

Tartes, tourtes et volupté

La qualité de la pâte feuilletée du commerce s'améliore, que vous l'achetiez au rayon frais ou surgelée, en bloc ou déjà étalée. Vous n'avez plus d'excuses pour ne pas servir à vos invités une belle tarte odorante aux légumes frais : elle peut être prête en 30 minutes.

Tarte à l'oignon blanc et au parmesan

Les oignons blancs ont une saveur délicieusement sucrée qui se révèle à la cuisson ; crus, ils sont aussi forts et âcres que les autres oignons. On en prépare de savoureux potages et des garnitures de tartes raffinées, délicates, élégantes, tout en finesse, etc.

2-4 PERSONNES
250 g de pâte feuilletée
3 cuil. à soupe d'huile de truffe ou d'huile d'olive légère
700 g d'oignons blancs, taillés en très fines tranches
2 gousses d'ail, écrasées
1 petit œuf battu pour la dorure
30 g de parmesan en copeaux
1 truffe noire fraîche, coupée en très fins copeaux (facultatif)

Préchauffez le four à 250 °C (th. 8). Farinez légèrement un plan de travail, étalez la pâte (si elle n'est pas déjà étalée) en un disque de 30 cm de diamètre. Pour mesurer, aidez-vous du fond amovible d'un grand moule à tarte. Farinez légèrement le fond du moule et glissez-le sous l'abaisse. Piquez celle-ci avec une fourchette, en laissant un bord de 2 cm. Réservez.

Faites chauffer l'huile de truffe ou l'huile d'olive dans une poêle sur feu très doux. Ajoutez les oignons et l'ail, faites suer de façon que l'oignon ne prenne absolument pas couleur et reste un peu croquant. Étalez l'oignon sur l'abaisse de pâte en réservant le bord de 2 cm. Salez, poivrez, dorez le bord à l'œuf battu.

Mettez au four et faites cuire 20 minutes ; l'oignon va brunir par endroits.

Retirez du four et couvrez de copeaux de parmesan et de truffe si vous l'utilisez. Cette tarte est délicieuse avec une salade de cresson légèrement assaisonnée d'huile d'olive et d'un trait de vinaigre balsamique.

Tarte aux tomates-cerises,
aux olives noires, à l'oignon rouge et au chèvre

« Des tomates-cerises ? ai-je entendu récemment. C'est d'un vulgaire ! »
Eh bien ! si c'est vrai, vive la vulgarité.

2-4 PERSONNES
250 g de pâte feuilletée
3 cuil. à soupe de pâte de tomates séchées au soleil
750 g de tomates-cerises
1 cuil. à soupe d'huile d'olive
1 petit oignon rouge, taillé en fins quartiers
4 gousses d'ail entières, pelées
30 g d'olives noires dénoyautées
75 g de fromage de chèvre demi-sec
fleur de sel, poivre noir du moulin
1 petit œuf battu pour la dorure
quelques brins de basilic frais pour la garniture

Préchauffez le four à 250 °C (th. 8). Farinez légèrement un plan de travail, étalez la pâte (si elle n'est pas déjà étalée) en un disque de 30 cm de diamètre. Pour mesurer, aidez-vous du fond amovible d'un grand moule à tarte. Farinez légèrement le fond du moule et glissez-le sous l'abaisse. Piquez celle-ci avec une fourchette, en laissant un bord de 2 cm. Tartinez la surface de pâte de tomates en réservant le bord.

Badigeonnez les tomates-cerises d'huile d'olive et arrangez-les aussi serré que possible sur la pâte de tomates. Intercalez les quartiers d'oignon, les gousses d'ail et les olives, déposez un peu de fromage de chèvre ici et là, salez, poivrez, dorez le bord à l'œuf battu.

Faites cuire 20-25 minutes au four ; au bout de ce temps les tomates auront éclaté et auront quelque peu bruni. Garnissez de basilic et servez avec une salade verte.

« Des tomates-cerises ? C'est d'un vulgaire ! » ai-je entendu récemment. Eh bien ! si c'est vrai, vive la vulgarité.

Tarte au manchego,
au poivron rouge et aux courgettes

2-4 PERSONNES
250 g de pâte feuilletée
1 grand poivron rouge allongé, épépiné, taillé en 8 lanières
2 courgettes moyennes, coupées en tranches de 1/2 cm d'épaisseur
3 cuil. à soupe d'huile d'olive
1 trait de vinaigre balsamique
1 oignon rouge, taillé en tranches fines
90 g de manchego coupé en dés
12 olives noires dénoyautées
fleur de sel, poivre noir du moulin
1 petit œuf battu pour la dorure

Préchauffez le four à 250 °C (th. 8). Farinez légèrement un plan de travail, étalez la pâte (si elle n'est pas déjà étalée) en un disque de 30 cm de diamètre. Pour mesurer, aidez-vous du fond amovible d'un grand moule à tarte. Farinez légèrement le fond du moule et glissez-le sous l'abaisse. Piquez celle-ci avec une fourchette, en laissant un bord de 2 cm. Réservez.

Faites chauffer un gril en fonte ou une poêle en fonte. Déposez-y le poivron et les tranches de courgette, arrosez de 2 cuillerées à soupe d'huile d'olive et faites griller jusqu'à ce que les légumes noircissent par endroits (5-7 minutes). Arrosez de vinaigre balsamique.

Étalez l'oignon sur la pâte en réservant le bord de 2 cm et couvrez-le des légumes. Parsemez de fromage et d'olives, salez, poivrez, arrosez du reste de l'huile d'olive. Dorez le tour à l'œuf battu et faites cuire 20 minutes au four.

Tarte aux champignons,
crème au cognac et à l'estragon

2-4 PERSONNES
250 g de pâte feuilletée
2 cuil. à café d'huile d'olive
450 g de gros champignons de couche, lavés
2 cuil. à café de tamari
2 gousses d'ail, écrasées
1 cuil. à soupe de cognac
les feuilles d'une branche d'estragon frais, finement hachées
1 trait de Tabasco
5 cuil. à soupe de crème fraîche épaisse
fleur de sel, poivre noir du moulin
1 petit œuf battu pour la dorure

Préchauffez le four à 250 °C (th. 8). Farinez légèrement un plan de travail, étalez la pâte (si elle n'est pas déjà étalée) en un disque de 30 cm de diamètre. Pour mesurer, aidez-vous du fond amovible d'un grand moule à tarte. Farinez légèrement le fond du moule et glissez-le sous l'abaisse. Piquez celle-ci avec une fourchette, en laissant un bord de 2 cm. Réservez.

Dans une poêle, faites chauffer l'huile, ajoutez les champignons et faites-les frire jusqu'à évaporation complète de l'eau de végétation. Ils doivent grésiller. Ajoutez alors le tamari, puis l'ail, et continuez la cuisson jusqu'à ce que les champignons soient entièrement traversés par la chaleur (2 minutes sur feu très vif).

Ajoutez le cognac, l'estragon, le Tabasco et la crème. Portez à ébullition et faites réduire quelques instants. Rectifiez l'assaisonnement (le cognac doit avoir perdu son alcool) et laissez tiédir quelques minutes.

Versez ce mélange sur le fond de tarte en réservant le bord de 2 cm. Dorez le bord à l'œuf et faites cuire 20 minutes à four chaud. Servez avec une salade verte et, éventuellement, quelques courgettes grillées (page 28, mais sans yaourt).

Spanakopita

4 PERSONNES
2 cuil. à soupe d'huile d'olive
1 oignon rouge, finement haché
2 gousses d'ail, écrasées
450 g de pousses d'épinard, lavées et bien égouttées
30 g de beurre
250 g de feta coupée en petits dés
fleur de sel, poivre noir du moulin
1 pincée de noix de muscade fraîchement râpée
10 feuilles de filo de 12 x 30 cm
1 cuil. à café de graines de sésame

Préchauffez le four à 250 °C (th. 8).

Faites chauffer l'huile dans une grande poêle en fonte. Ajoutez l'oignon et l'ail ; faites-les revenir jusqu'à ce qu'ils deviennent translucides. Ajoutez les épinards et faites-les fondre, en les retournant une ou deux fois.

Faites fondre le beurre au four, 1 minute environ, dans une petite casserole.

Incorporez la feta au contenu de la poêle, salez, poivrez et muscadez.

Badigeonnez d'un peu de beurre fondu un moule à tarte de 23 cm de diamètre, à fond amovible. Garnissez-le d'une feuille de filo, badigeonnez-la également de beurre et posez une autre feuille de filo par-dessus perpendiculairement à la première, afin d'obtenir une croix. Badigeonnez de beurre et recommencez l'opération. Quand vous avez superposé 5 feuilles, ajoutez les épinards, repliez les feuilles de filo sur la partie centrale et recouvrez des 5 feuilles restantes, en les croisant et en les repliant de la même façon. Badigeonnez la surface de beurre fondu et saupoudrez de sésame, retirez le cercle extérieur du moule à tarte et faites cuire 15 minutes au four.

Si vous voulez faire dorer la tourte sur les deux faces, sortez-la du four à mi-cuisson, retournez-la sur une assiette, glissez-la sur le fond du moule et remettez au four.

Servez avec une salade grecque vite préparée – tomate, concombre, feta, olives noires et huile d'olive ; éventuellement câpres et origan – et une assiette d'olives de Kalamata.

Tourte aux pommes de terre safranées,
aux épinards et à la fontina

Vous pouvez utiliser des pommes de terre à chair ferme ou farineuse ; le résultat sera différent, compact dans le premier cas, fondant dans le second. J'utilise de gros champignons de Paris bio, mais vous pouvez les remplacer par des cèpes frais ou séchés, ou par de tout petits champignons de couche à condition de les faire bien sauter et de faire réduire leur jus presque totalement. Lavez et essorez vos épinards à l'avance et gardez-les au frais dans un sac en plastique, ou utilisez des épinards surgelés (mais n'oubliez pas de les sortir du congélateur avant de partir au travail).

4-6 PERSONNES
350 g de pâte feuilletée
500 g de pommes de terre nouvelles, brossées et lavées, non pelées, coupées en tranches de 1/2 cm au maximum
3 cuil. à soupe d'huile d'olive
3 gousses d'ail, taillées en fines tranches
1 pincée de filaments de safran premier choix
fleur de sel, poivre noir du moulin
200 g de champignons de Paris, coupés en tranches
1/2 cuil. à café de tamari
1 trait de Tabasco
200 g de pousses d'épinard, lavées et essorées
1 belle pincée de noix de muscade fraîchement râpée
150 g de fontina ou de tomme à raclette, taillée en tranches fines
1 gros œuf battu pour la dorure

Préchauffez le four à 250 °C (th. 8). Sortez la pâte feuilletée du réfrigérateur. Dans une grande casserole (ou dans un autocuiseur), versez 30 cl d'eau, ajoutez les pommes de terre, l'huile d'olive (réservez-en 1 cuillerée à café), l'ail et le safran. Salez et poivrez. Portez à ébullition et faites cuire jusqu'à réduction de la moitié du liquide. Vous devez obtenir une sauce légèrement sirupeuse. Lorsque les pommes de terre commencent à s'attendrir, baissez le feu et laissez cuire 5 minutes sur feu doux. Les pommes de terre doivent être tendres, glacées dans un jus onctueux.

Pendant ce temps, faites chauffer le reste de l'huile dans une poêle. Ajoutez les champignons, faites-les sauter. Quand ils sont à demi cuits, ajoutez le tamari et le Tabasco. S'ils attachent, mouillez d'un peu de jus des pommes de terre. Le tamari ne doit pas brûler ; ajoutez du jus à mesure que la sauce s'évapore.

Pendant la cuisson, vous aurez sans doute le temps de faire tomber les épinards à la poêle et d'en éliminer le liquide. Salez, poivrez et muscadez. Quand vous aurez sorti les pommes de terre de leur récipient, faites-y revenir les épinards afin qu'ils absorbent le reste de sauce.

Abaissez la pâte à un diamètre légèrement supérieur à celui de votre plat à gratin (rond, ovale, carré, en Pyrex ou en terre, peu importe). Réservez l'abaisse au frais le temps de remplir votre plat.

Rectifiez l'assaisonnement de tous les légumes, puis étalez-les en couches successives dans le plat à gratin : les pommes de terre d'abord, puis les épinards, puis le fromage et enfin les champignons. Comme vous n'utiliserez pas tout l'œuf pour la dorure, versez-en une partie sur les légumes, ça ne peut que faire du bien. Couvrez ensuite de l'abaisse de pâte en enfonçant les bords entre la garniture et le bord du plat, comme pour border un lit.

Dorez à l'œuf battu, percez la pâte de petits trous à intervalles réguliers à l'aide de la pointe d'un couteau.

Faites cuire 15-20 minutes au four jusqu'à ce que la surface soit bien dorée.

Pour accompagner cette tourte, quelques minilégumes blanchis servis avec une vinaigrette seront parfaits, ou alors une salade de cresson et une salade de tomates légèrement assaisonnée ; autre suggestion : des courgettes grillées au citron et au yaourt (page 28) et des carottes nouvelles glacées.

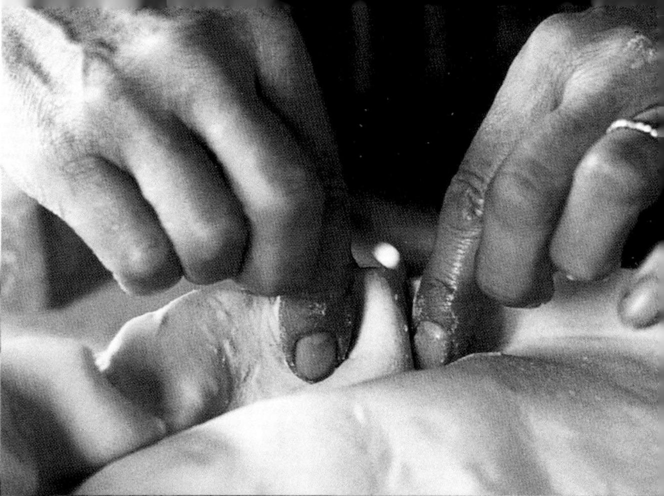

Tarte aux courgettes
et au pâtisson, aux raisins et aux pignons

J'ai mis du temps à me convertir au gril en fonte, mais à présent que je l'ai adopté je ne le laisse plus tranquille. Dans cette recette, il prouve son utilité, car si vous voulez cuire vos légumes le plus rapidement possible, le pâtisson a besoin d'aide. Choisissez des raisins de Smyrne bien dodus, bien moelleux, ou des raisins de Malaga. Les pignons d'Italie, de forme fine et allongée, sont bien meilleurs que les pignons courtauds (et moins chers) qu'on trouve communément, mais utilisez ceux que vous trouvez, ou remplacez-les par des amandes effilées.

2-4 PERSONNES
1 cuil. à dessert de moutarde de Dijon
1 gousse d'ail, écrasée
1 cuil. à soupe de vinaigre balsamique
1 cuil. à soupe de tamari
fleur de sel, poivre noir du moulin
5 cuil. à soupe d'huile d'olive
2 belles courgettes ou 4 petites, coupées en tranches de 1/2 cm d'épaisseur
1 jeune pâtisson jaune ou vert pâle de 200 g, coupé en deux verticalement
1 gros oignon rouge ou 2 petits, taillés en 4-6 quartiers selon leur taille
250 g de pâte feuilletée
1 petit œuf battu pour la dorure
2 cuil. à soupe de raisins de Smyrne trempés quelques heures dans du vin muscat
1-2 cuil. à soupe de pignons de pin

Préchauffez le four à 250 °C (th. 8). Mélangez la moutarde, l'ail, le vinaigre balsamique, le tamari, 1 bonne pincée de sel et 4 cuillerées à soupe d'huile d'olive, puis ajoutez les courgettes, le pâtisson et l'oignon, et remuez-les bien dans ce mélange pour les enduire.

Faites chauffer le gril, badigeonnez-le de l'huile restante et faites-y griller, quelques-unes à la fois, les tranches de légumes jusqu'à ce qu'elles soient noircies et bien marquées. L'opération ne doit pas prendre plus de 5 minutes. Réservez le reste de marinade.

Étalez la pâte feuilletée (si elle n'est pas déjà étalée) sur un plan légèrement fariné de façon à obtenir un disque de 30 cm de diamètre, en vous aidant du fond amovible d'un grand moule à tarte pour prendre la mesure. Farinez légèrement le fond du moule et glissez-le sous l'abaisse. Piquez celle-ci avec une fourchette, en laissant un bord de 2 cm. Étalez les légumes sur l'abaisse de pâte en réservant le bord de 2 cm. Arrosez les légumes d'un peu de marinade et dorez le bord de la tarte à l'œuf battu.

Faites cuire 20 minutes au four. 5 minutes avant la fin de la cuisson, parsemez sur la tarte les raisins et les pignons. Arrosez du reste de marinade juste avant de servir.

Tarte verte

Cette tarte est inspirée d'une recette de Claudia Roden, mais je la réalise avec une pâte feuilletée pour aller plus vite. Le résultat n'en souffre pas. J'y ajoute aussi 3 cuillerées à soupe de crème fraîche, un peu de jus de citron et de noix de muscade, épice qui transfigure les épinards. Je préfère également les cœurs d'artichaut confits à l'huile aux artichauts en boîte.

4-6 PERSONNES
350 g de pâte feuilletée
3 cuil. à soupe d'huile d'olive extra-vierge
1 oignon moyen, coupé en petits dés
2 gousses d'ail, taillées en fines tranches
250 g de cœurs d'artichaut italiens à l'huile d'olive, coupés en deux
500 g de petits pois surgelés
250 g d'épinards, lavés et essorés
1 pincée de noix de muscade fraîchement râpée
fleur de sel, poivre noir du moulin
2 œufs, battus
le jus de 1 citron
3 cuil. à soupe de crème fraîche épaisse, et plus pour le service

Préchauffez le four à 250 °C (th. 8). Étalez la pâte feuilletée (si elle n'est pas déjà étalée) sur un plan légèrement fariné de façon à obtenir un disque de 30 cm de diamètre, en vous aidant du fond amovible d'un grand moule à tarte. Farinez légèrement le fond du moule et glissez-le sous l'abaisse. Piquez celle-ci avec une fourchette, en laissant un bord de 2 cm. Réservez.

Faites chauffer l'huile dans une poêle. Faites-y revenir l'oignon jusqu'à ce qu'il soit moelleux et doré. Ajoutez l'ail, remuez, puis ajoutez les artichauts, les pois, les épinards et la noix de muscade. Comprimez un peu les épinards, couvrez la poêle. Le jus exsudé par les épinards facilitera la cuisson des petits pois. Lorsque les épinards sont bien fondus, faites cuire encore 6 minutes à découvert, jusqu'à ce que le liquide soit presque entièrement réduit. Salez et poivrez.

Retirez ce mélange du feu et incorporez les œufs battus, le jus de citron et la crème. Étalez le tout sur la pâte, en réservant le bord de 2 cm. Couvrez d'une feuille d'aluminium ou de papier sulfurisé en raison de la forte chaleur et faites cuire 20 minutes au four, jusqu'à ce que l'œuf soit cuit mais encore moelleux au centre. Vous pouvez arroser d'un peu de crème juste avant de servir.

Tarte fine

Je tiens d'un cousin israélien une recette de pâte ultrasimple (2 tasses à thé de farine pour 1 tasse de vin blanc) que je vous livre convertie en grammes. Depuis, j'ai dégusté une tarte alsacienne dont personne n'a voulu me donner la recette, mais la pâte était identique à celle que je vous donne ici. Une seule contrainte : il faut l'étaler très finement pour qu'elle soit bonne. Rien ne vous empêche d'utiliser une pâte feuilletée très finement abaissée ; vous pouvez également étaler de la crème fraîche sur la pâte, puis du fromage de chèvre frais, et arrosez de sirop d'érable.

2-4 PERSONNES
225 g de farine, plus un peu pour vous fariner les mains
10 cl de vin blanc sec
1/2 cuil. à café de sel fin et 1 pincée de poivre noir

garniture
1 cuil. à café de beurre
1 grosse endive (200 g environ), taillée en très fines tranches
1 cuil. à café de vergeoise brune
1 cuil. à soupe de vin blanc sec
8 cuil. à soupe de crème fraîche
60 g de gruyère râpé
poivre noir du moulin

Préchauffez le four à 300 °C (th. 9-10).

Mélangez tous les ingrédients de la pâte avec vos mains de façon à obtenir une pâte souple et élastique. Ne vous inquiétez pas de la quantité de liquide – persévérez quelques minutes et vous verrez qu'il y en a assez. Réservez la pâte pendant que vous préparez la garniture.

Faites chauffer le beurre dans une casserole et ajoutez l'endive émincée ; remuez bien quelques instants, puis ajoutez la vergeoise et le vin blanc. Faites cuire 8 minutes sur feu doux. L'endive doit juste prendre couleur. Retirez du feu et réservez.

Sur un plan de travail légèrement fariné, étalez la pâte le plus finement possible. Farinez légèrement une plaque à pâtisserie et déposez-y la pâte.

Incorporez à l'endive cuite la crème et le gruyère, étalez le tout sur la pâte. Faites cuire 15 minutes environ, jusqu'à ce que la pâte soit dorée et croustillante et que la garniture bouillonne doucement.

Poivrez légèrement, et servez immédiatement avec une salade verte, ou une salade d'endives, de betterave ou de choucroute – en tout cas quelque chose de bien vinaigré pour équilibrer cette tarte riche et crémeuse.

Pastilla aux échalotes, pruneaux et amandes glacés

Je ne me lasse jamais de cette tourte d'inspiration marocaine, et je trouve toujours une excuse pour la préparer de nouveau. Je la sers avec de grands plats de légumes grillés ou rôtis. C'est une recette très riche et raffinée, douce et sucrée bien qu'elle ne soit pas un dessert. Accompagnez-la par exemple de brocolis cuits à la vapeur.

2-4 PERSONNES
250 g de pâte feuilletée, étalée en 2 très fines abaisses de 15 x 25 cm
1 petit œuf battu
50 g d'amandes entières, mondées
500 g d'échalotes ou de petits oignons
3 cuil. à soupe d'huile d'olive
400 g de pruneaux moelleux dénoyautés, ou trempés quelques heures et égouttés
4 gousses d'ail entières, pelées
4 cuil. à café de cassonade
1 branche de persil plat ou de coriandre très finement hachée, au choix
fleur de sel, poivre noir du moulin
sucre glace (facultatif)
1 pincée de cannelle en poudre

Préchauffez le four à 250 °C (th. 8). Portez à ébullition de l'eau dans une casserole.

Farinez légèrement une plaque à pâtisserie. Assurez-vous que les abaisses de pâte soient très fines ; elles ne doivent pas dépasser 2 mm d'épaisseur. Étalez-les sur la plaque et piquez-les sur toute leur surface avec une fourchette. Badigeonnez-les légèrement d'œuf battu (la pâte ne doit pas trop lever). Faites cuire 15 minutes au four. Si vous êtes sûre de ne pas les oublier, déposez les amandes sur la plaque à côté des abaisses pour les faire dorer 4 minutes.

Pendant ce temps, faites blanchir les échalotes ou les oignons 1 minute dans de l'eau bouillante, égouttez-les, épluchez-les et coupez-les en deux dans le sens de la longueur. Faites chauffer l'huile d'olive dans une casserole. Ayez 1,25 litre d'eau à portée de main.

Faites légèrement dorer les échalotes ou les oignons dans la casserole, ajoutez les pruneaux, l'ail, la cassonade et un peu d'eau. Faites cuire 10 minutes sur feu très vif, en ajoutant de l'eau petit à petit au fur et à mesure de l'évaporation. À chaque fois, laissez réduire et caraméliser le contenu de la casserole. Continuez jusqu'à ce que les échalotes soient bien tendres et le tout caramélisé. Lorsque vous avez utilisé les trois quarts de l'eau, ajoutez les amandes, et enfin l'herbe de votre choix. Salez et poivrez.

Sortez la plaque du four, déposez une des abaisses de pâte dans un grand plat, garnissez avec précaution du confit de pruneaux, d'échalotes et d'amandes, recouvrez de la seconde abaisse. Si vous le désirez, poudrez de sucre glace et de cannelle. Servez avec des brocolis.

8

Comment prendre les légumes en marche

Voici diverses façons d'accommoder les légumes : en sauté, à l'étouffée, en curry, en ratatouille, farcis… le plus rapidement possible et en gardant toutes leurs saveurs intactes. C'est nourrissant, réconfortant, coloré, et ça n'a rien de compliqué.

Pois chiches aux épinards et aux poivrons rouges

Il fut une époque où je croyais que ce genre de recette prenait des heures. Parfois j'y consacre ce temps, mais chez moi on aime tellement ce plat que le plus souvent j'emprunte un raccourci : des pois chiches en conserve. Tous les pois chiches en boîte ne se valent pas ; certains sont petits et durs, d'autres moelleux et dodus. Expérimentez avec plusieurs marques et faites votre choix. L'assaisonnement est ici d'inspiration plus indienne que proche-orientale, mais vous pouvez remplacer la coriandre et les graines de moutarde par du cumin et du safran.

2 PERSONNES
4 cuil. à soupe d'huile d'olive
1 petit oignon rouge, grossièrement haché
1 gousse d'ail, taillée en fines tranches
1/2 cuil. à café de coriandre en poudre
1/2 cuil. à café de graines de moutarde noire
1 boîte de pois chiches de 400 g, avec l'eau de conserve
1 petite pomme de terre, coupée en dés
fleur de sel, poivre noir du moulin
1 poivron rouge, débarrassé de ses graines et de ses côtes intérieures, coupé en 8 lanières
125 g de pousses d'épinard, lavées et égouttées
1 tomate, coupée en quartiers
2 cuil. à café de tamari
1 petit piment rouge frais, finement haché

Dans une grande casserole, sur feu moyen, faites chauffer 2 cuillerées à soupe d'huile d'olive. Faites-y suer l'oignon et l'ail jusqu'à ce qu'ils deviennent translucides. Ajoutez la coriandre et la moutarde, faites frire 1 minute environ, en mouillant de temps en temps avec 1 cuillerée à soupe du liquide de conserve des pois chiches pour éviter aux épices de brûler. Ajoutez la pomme de terre et remuez pour bien l'enrober d'épices, salez et poivrez modérément, faites cuire 5-6 minutes jusqu'à ce qu'elle soit attendrie. Ajoutez les pois chiches et leur eau de conserve, faites cuire 5-7 minutes sur feu doux, jusqu'à obtention d'une sauce riche et épaisse.

Pendant ce temps, faites chauffer 1 cuillerée à soupe d'huile sur un gril en fonte et faites-y griller le poivron rouge. Il doit être noirci par endroits. Ajoutez-le aux pois chiches, ainsi que les pousses d'épinard, remuez jusqu'à ce que celles-ci soient légèrement fondues. Ajoutez la tomate, et continuez la cuisson jusqu'à ce qu'elle soit tendre. Ajoutez enfin le tamari, le piment et le reste de l'huile d'olive ; rectifiez l'assaisonnement en sel et en poivre.

Servez avec un bol de yaourt grec, quelques quartiers de citron, ainsi que des tortillas de blé ou de maïs, frites ou nature, ou encore des chapatis chauffés.

Champignons Stroganoff au tofu

Voilà environ vingt ans, quand j'ai décidé de devenir végétarienne, j'avais encore envie de saveurs fortes. C'est pourquoi je multipliais les plats à base de champignons : mes champignons crémés au cognac, ma tarte aux champignons, mes champignons entiers au four et même mes champignons Stroganoff (bonjour le cliché !) sont un reliquat de cette époque ; mais toutes ces recettes ont évolué avec le temps et restent parmi mes préférées. Je crois aussi que le jour très lointain où j'ai découvert ce qu'un trait de tamari pouvait faire à ce mariage classique crème-vin-oignon-champignon-ail-estragon, mon plan de carrière, si je peux m'exprimer ainsi, s'est tracé tout seul.

2-4 PERSONNES
20 cl de vin rouge
2 cuil. à soupe de tamari
275 g de tofu ferme, coupé en dés de 2 cm
3 cuil. à soupe d'huile d'arachide
1 oignon moyen, grossièrement haché
5 gousses d'ail, hachées
200 g de gros champignons de Paris, entiers ou coupés en deux
12 cl de crème fraîche épaisse
1 branche d'estragon frais
fleur de sel, poivre noir du moulin

Dans un bol, mélangez le vin, le tamari et 3 cuillerées à soupe d'eau. Mettez-y le tofu à mariner, réservez.

Faites chauffer 1 cuillerée à soupe d'huile dans une poêle en fonte ou dans une cocotte. Faites-y dorer l'oignon et l'ail quelques minutes sur feu doux. Ajoutez les champignons et faites-les sauter 5 minutes environ.

Dans une casserole, faites chauffer le reste de l'huile et faites revenir doucement le tofu, en ajoutant de temps à autre un peu de marinade à mesure qu'elle s'évapore. Le tofu doit dorer sur toutes ses faces ; retournez-le avec précaution. Retirez-le du feu.

Dans la poêle ou la cocotte contenant les champignons, ajoutez la crème et la moitié de l'estragon. Portez à ébullition, baissez le feu et faites réduire doucement 1 minute. Ajoutez le reste de la marinade et faites cuire encore 2 minutes jusqu'à obtention d'une sauce crémeuse à l'arôme intense. Ajoutez enfin le tofu frit et le reste de l'estragon. Salez, poivrez, servez avec du riz basmati.

Shiitake et patate douce
à la marmelade d'orange et à l'anis étoilé

Je venais de cesser de travailler à plein temps. Ce vendredi-là, j'avais sans doute besoin de préserver mon moral et aussi de satisfaire un vieux fantasme : j'ai fait de la marmelade d'orange. Beaucoup. Les pots refroidissaient doucement sur le bord de ma fenêtre, et la belle gelée dorée semblait me dire : « Utilise-moi ! » J'ai eu d'abord l'idée de l'inclure dans ce sauté de légumes, puis dans des muffins, dans un gâteau au chocolat, et enfin dans des crêpes au Cointreau. Sans oublier les toasts beurrés.

2 PERSONNES
1/2 cube de bouillon de légumes
4 cuil. à soupe d'huile d'olive
1 grosse patate douce, pelée et coupée en gros dés
1/2 courge sucrine, pelée et coupée en gros dés
1 grosse carotte, pelée et coupée en biais en tranches épaisses
2 couronnes d'anis étoilé
2-3 cuil. à café de tamari
1 trait de Tabasco
200 g de shiitake frais (lentins de chêne), coupés en deux
100 g de haricots verts parés et effilés
le jus de 2 cm de gingembre frais finement râpé et pressé
2 cuil. à soupe de marmelade d'orange
1 cuil. à soupe de pâte de tamarin
le jus de 1/2 citron vert
3 oignons blancs nouveaux avec leur vert, émincés en biais
1 petit bouquet de coriandre fraîche, grossièrement ciselée
fleur de sel, poivre noir du moulin

Dans une petite casserole, portez de l'eau à ébullition. Faites-y dissoudre le demi-cube de bouillon. Il vous servira de liquide de cuisson et de bouillon pour blanchir les haricots.

Dans une cocotte, faites chauffer la moitié de l'huile d'olive. Ajoutez la patate douce, la courge sucrine, la carotte, l'anis étoilé ; faites sauter 5 minutes environ, jusqu'à ce que les légumes soient bien saisis et commencent à dorer. Pour leur éviter d'attacher, ajoutez un peu de bouillon. Continuez la cuisson jusqu'à ce que la patate douce et la courge commencent à s'attendrir. Ajoutez un trait de tamari, le Tabasco, et mouillez immédiatement avec un peu de bouillon et d'huile. Faites cuire 2 minutes sur feu vif, ajoutez les shiitake et continuez la cuisson.

Portez à ébullition le reste du bouillon et plongez-y les haricots verts. Faites-les blanchir 5 minutes environ, tout en prélevant un peu de bouillon de temps en temps pour mouiller les légumes de la cocotte. Quand les haricots commencent à s'attendrir, retirez-les avec

une écumoire (gardez l'eau de cuisson), et ajoutez-les au contenu de la cocotte. Faites cuire sur feu vif en surveillant la chaleur et en remuant fréquemment.

Dans une autre casserole, faites chauffer le reste de l'huile, 2 cuillerées à café de tamari, 6 cuillerées à soupe de bouillon des haricots verts, le jus de gingembre, la marmelade, le tamarin et le jus de citron vert. Remuez doucement ; la marmelade doit fondre et la sauce épaissir légèrement.

Quand les légumes sont cuits, bien dorés mais intacts, ajoutez la sauce, les oignons nouveaux et la coriandre hachée. Rectifiez l'assaisonnement en sel et en poivre.

Servez avec un riz basmati. Vous pouvez d'ailleurs préparer un riz à la noix de coco en remplaçant la moitié de l'eau de cuisson par du lait de coco non sucré et en ajoutant une tige de citronnelle écrasée, à retirer lorsque le riz est cuit. J'accompagnerais également ce plat de yaourt nature aromatisé de jus de citron vert et d'un peu de coriandre hachée.

Légumes à l'étouffée et quenelles de fromage à l'ancienne

Ici, le minutage est serré : ayez tous les ingrédients préparés à portée de main.
Si vous laissez tomber les quenelles, accompagnez le plat de bon pain de campagne chaud et d'un beurre à l'ail et aux herbes.

4 PERSONNES
300 g de petits panais, coupés en 4 bâtonnets dans le sens de la longueur
6 cuil. à soupe d'huile d'olive
fleur de sel, poivre noir du moulin
8 échalotes, coupées en deux
2 gousses d'ail, taillées en tranches
350 g de carottes, coupées en rondelles de 1/2 cm
350 g de navets, coupés en dés de 2,5 cm
150 g de petits champignons de Paris entiers
35 cl de bouillon de légumes préparé avec 1 cube
20 cl de cidre doux
1 feuille de laurier
1,5 cuil. à café de Maïzena

quenelles
125 g de farine autolevante
50 g de cheddar râpé
3 cuil. à soupe de persil plat finement haché
50 g de beurre

Préchauffez le four à 300 °C (th. 9-10). Dans un plat à gratin, enduisez les panais de 2 cuillerées à soupe d'huile d'olive, salez, poivrez, et faites rôtir 25 minutes jusqu'à ce qu'ils soient bien dorés. S'ils sont prêts avant le reste des légumes, retirez-les du four et réservez-les.

Dans une grande cocotte, faites chauffer le reste de l'huile. Ajoutez les échalotes et l'ail, faites-les revenir 2 minutes en remuant de temps en temps. Ajoutez les carottes et les navets, faites sauter 4 minutes. Ajoutez ensuite les champignons et faites sauter encore 1 minute.

Pendant ce temps, préparez les quenelles. Mélangez les ingrédients sans trop insister, salez et poivrez. Ajoutez 1 cuillerée à soupe d'eau de façon à obtenir une pâte souple. Façonnez-la en 16 boulettes de la taille d'une noix et réservez celles-ci.

Versez le bouillon sur les légumes, ajoutez 17 cl de cidre et la feuille de laurier. Laissez cuire 5 minutes sur feu vif en remuant de temps en temps. Diluez la Maïzena dans le reste du cidre, ajoutez ce mélange aux légumes et remuez bien. Laissez épaissir sur le feu. Dès épaississement, ajoutez les quenelles, qui doivent être immergées aux trois quarts. Couvrez la cocotte et faites cuire 15-17 minutes sur feu très doux, jusqu'à ce qu'elles soient gonflées, la sauce onctueuse et les légumes fondants. Ajoutez alors les panais rôtis et servez.

Haricots aux saucisses végétariennes

C'est le genre de recette ultrasimple que j'hésite à inclure dans un livre de cuisine. Mais quand je questionne les gens autour de moi sur leur en-cas favori, devinez ce qu'ils me répondent. Alors la voici, cette recette de haricots qui, pour sortir d'une boîte, n'en est pas moins savoureuse. Notez qu'il s'agit de cocos, non de flageolets ni de lingots. Quant aux saucisses, choisissez ce que vous préférez en alimentation bio. J'aime déguster ce plat avec du pain chaud, comme d'habitude, mais vous pouvez faire la grande mise en scène anglaise : servir les haricots sur des toasts grillés avec un œuf poché à cheval.

2 PERSONNES
1 boîte de 400 g de haricots cocos
2 cuil. à soupe de pâte de tomates séchées
1 trait de Tabasco
1 cuil. à soupe d'huile d'olive
4 saucisses végétariennes de bonne qualité
fleur de sel, poivre noir du moulin
1 pincée de vergeoise brune (facultatif)

Videz la boîte de cocos dans une casserole, ajoutez la pâte de tomates, le Tabasco, et faites chauffer sur feu doux.

Pendant ce temps, faites chauffer l'huile d'olive dans une petite poêle. Coupez les saucisses en tranches épaisses et faites-les dorer des deux côtés. Ajoutez-les aux haricots. Salez et poivrez si nécessaire, et ajoutez la vergeoise si vous désirez un petit goût sucré. Faites cuire encore 2 minutes et servez.

Ratatouille

Ma mère ne met jamais de tomates dans sa ratatouille et elle la fait cuire beaucoup plus longtemps que moi. Sa recette porte la marque du Maroc : la couleur rouge est fournie par le paprika, non par les tomates. J'ai créé, depuis, des ratatouilles plus proches de la délicieuse version originale, mais depuis longtemps j'aime préparer ce plat avec du paprika en début de cuisson et des tomates fraîches en fin de cuisson. N'oubliez jamais que l'aubergine demande à être consommée moelleuse et gorgée d'huile ; ici, elle est presque confite.

4 PERSONNES
10 cl d'huile d'olive, plus 2 cuil. à soupe
500 g d'aubergines, coupées en dés de 2-3 cm
4 gousses d'ail, taillées en tranches
1 cuil. à soupe de paprika
1 trait de Tabasco
350 g de courgettes, taillées en dés de 2 cm
fleur de sel, poivre noir du moulin
500 g de poivrons (la moitié rouges, un quart jaunes et un quart verts), débarrassés de leurs graines et des côtes intérieures, coupés en carrés de 4 cm
2 tomates, coupées en quartiers
1 poignée de feuilles de basilic frais pour la garniture

Dans une grande cocotte, faites chauffer l'huile d'olive. Faites-y revenir les aubergines et l'ail, et dès qu'ils commencent à s'attendrir ajoutez le paprika et le Tabasco. Remuez sur feu vif, et chaque fois que les légumes font mine d'attacher, ajoutez un peu d'eau.

Quand les aubergines sont un peu attendries mais encore fermes, ajoutez les courgettes. Remuez encore continuellement en ajoutant de l'eau comme précédemment. Salez et poivrez. Baissez le feu et laissez mijoter les légumes quelques minutes à couvert, en les surveillant de temps à autre afin qu'ils n'attachent pas. Ajoutez de l'eau si cela se produit.

Lorsque les aubergines sont partiellement fondues et que la sauce a pris le rouge profond du paprika, ajoutez les poivrons et faites cuire jusqu'à ce qu'ils soient légèrement assouplis. Ajoutez alors les tomates et faites cuire sur feu moyen jusqu'à ce que le tout soit bien fondu mais les légumes encore reconnaissables.

Garnissez de basilic et servez avec un bon pain de campagne chauffé ou des pommes de terre nouvelles bouillies, bien arrosées de beurre et saupoudrées de gros sel marin.

Curry vert thaïlandais

Tout le monde fait un éloge dithyrambique de la cuisine thaïlandaise, mais pour ma part je n'en ai eu jusqu'à maintenant qu'une expérience peu reluisante. Pourtant, j'adore les arômes typiques de cette cuisine : le lait de coco (j'y suis carrément accro) ; la coriandre fraîche ; le puissant parfum citronné (certains disent savonneux) de la citronnelle ; le citron vert, sans doute une des fragrances les plus fraîches, les plus pures du monde. Je ne délire pas trop sur le piment, n'ayant pas la constitution requise, mais je m'en sers pour ajouter la petite parcelle de feu indispensable. Quant au gingembre, comme je ne supporte pas les petits bouts coriaces qu'on trouve dans la sauce et qui se coincent entre les dents, je le râpe et je le presse pour obtenir le jus. Même problème avec la citronnelle, et c'est pourquoi il est important de choisir des tiges jeunes et fraîches, de retirer les feuilles extérieures et d'émincer le cœur aussi finement que possible avec le couteau le plus tranchant.

4 PERSONNES
3 cuil. à soupe d'huile d'arachide
250 g de chou-fleur, séparé en petits bouquets de 4 cm environ
250 g de carottes, pelées, coupées en deux dans le sens de la longueur puis en biais, en demi-lunes de 1 cm d'épaisseur
250 g de courgettes, coupées en deux dans le sens de la longueur puis en biais, en demi-lunes de 1 cm d'épaisseur
200 g de shiitake frais (lentins de chêne), taillés en tranches épaisses
40 cl de lait de coco
15 cl de bouillon de légumes préparé avec 1/4 de cube
1,5 cuil. à soupe de tamari
8 feuilles de citronnier kaffir, légèrement écrasées mais non déchirées
100 g de haricots verts extra-fins parés et effilés
1 petite poignée de coriandre fraîche

pâte de curry vert
les cœurs de 2 tiges de citronnelle, feuilles extérieures retirées, très finement hachés
2 échalotes, très finement hachées
le jus et le zeste de 2 citrons verts non traités
3 piments verts frais
1 cuil. à café de coriandre en poudre
1 cuil. à café de cumin en poudre
5 gousses d'ail, pelées
1 botte de coriandre fraîche (60 g environ)
1 cuil. à dessert de poudre de sept-épices thaïlandaise (facultatif)
le jus de 4 cm de gingembre frais finement râpé et pressé

Préparez d'abord la pâte de curry : réunissez tous les ingrédients dans le bol d'un robot et réduisez en pâte fine. Vous pouvez aussi procéder à la main, avec une demi-lune bien aiguisée ou un grand couteau chef. Les quantités que je vous donne produiront un peu plus

de pâte que nécessaire, mais il est difficile de procéder avec un plus petit volume. Il vous faut en tout 5 cuillerées à soupe de pâte, un peu plus si vous aimez un curry plus pimenté. Le reste peut être conservé 2 semaines au réfrigérateur, ou même congelé.

Dans une cocotte ou une grande casserole à fond épais, faites chauffer l'huile d'arachide. Ajoutez les bouquets de chou-fleur. Faites-les revenir 2-3 minutes en remuant, jusqu'à ce qu'ils commencent à dorer. Ajoutez les carottes, procédez de même, puis les courgettes, ensuite les shiitake. Faites revenir 1 minute environ. Ajoutez alors le lait de coco et la plus grande partie du bouillon, diluez enfin dans ce mélange 5 cuillerées à soupe de pâte de curry vert. Ajoutez le tamari et les feuilles de citronnier, et enfin les haricots verts.

Faites mijoter 2 minutes sur feu doux, puis ajoutez le reste du bouillon. Faites cuire encore 2 minutes en remuant pour marier toutes les saveurs.

Servez garni de coriandre fraîche avec du riz basmati ou du riz parfumé thaïlandais.

Curry de potiron

Ce plat joue sur la douceur sucrée du potiron associée à celle de la noix de coco. Les épices viennent relever et arrondir le goût pour faire de ce curry une symphonie de saveurs. Le potimarron donnera des résultats plus onctueux que le potiron.

4 PERSONNES
1 cuil. à soupe d'huile d'olive
2 gros oignons, grossièrement hachés
2 gousses d'ail, écrasées
1 cuil. à café de coriandre en poudre
2 cuil. à café de cumin en poudre
1/4 de cuil. à café de curcuma
1 kg de potiron ou de potimarron (pesé avant épluchage et élimination des graines), coupé en dés de 2 cm
fleur de sel, poivre noir du moulin
2 piments rouges frais, finement hachés
1 piment vert frais, finement haché
le jus de 3 cm de gingembre frais finement haché et pressé
1 cuil. à soupe de vergeoise brune
90 g de crème de coco (alimentations orientales)
3-4 tomates, coupées en quartiers
3 cuil. à soupe de coriandre fraîche finement hachée
1 cuil. à soupe d'huile de sésame ou d'olive
3 cuil. à soupe de poudre de noix de coco râpée

Dans une grande cocotte, faites chauffer l'huile d'olive. Ajoutez les oignons et l'ail, faites-les frire jusqu'à ce qu'ils deviennent translucides.

Ajoutez la coriandre en poudre, le cumin et le curcuma. Faites revenir, en versant un peu d'eau pour éviter aux épices de brûler. Ajoutez le potiron, salez et poivrez légèrement, faites sauter 10 minutes jusqu'à ce qu'il commence à dorer et à s'attendrir légèrement.

Ajoutez les piments rouges et vert (réservez-en un peu pour la garniture), puis le jus de gingembre, le sucre et la crème de coco. Remuez constamment sur feu moyen jusqu'à fusion complète de la crème de coco.

Quand le potiron est tendre mais non encore fondu, ajoutez les quartiers de tomate et la coriandre fraîche, et remuez constamment mais doucement jusqu'à ce que les tomates soient suffisamment fondues et cuites.

Enfin, incorporez l'huile de sésame ou d'olive et 1 cuillerée à soupe de noix de coco en poudre. Versez le curry dans un plat chauffé et garnissez du reste de noix de coco en poudre et de piments hachés. Servez avec un riz basmati ou des pains naans chauffés.

Légumes à la vapeur, vinaigrette à la moutarde de Meaux

Beaucoup de gens ne se sentent pas vraiment nourris tant qu'ils n'ont pas eu un morceau de viande dans leur assiette. Moi, tant que je n'ai pas eu une forêt de légumes dans mon assiette, je n'ai pas vraiment mangé. Et quand j'ai fait des excès – vous savez lesquels, chocolat, biscuits, etc. –, au moins je sais que je peux revenir à un plat comme celui-ci et me sentir à nouveau un être humain. Les vitamines font immédiatement sentir leur effet. Variez les légumes à votre gré, il suffit de toujours faire cuire les plus durs d'abord, les plus tendres ensuite. Quand vous vous sentez particulièrement fragile, mangez très sobrement, et si vous avez besoin d'un peu plus d'énergie, accompagnez vos légumes de riz rond complet biologique. Il demande à peu près 45 minutes de cuisson mais à l'autocuiseur il ne prendra que 30 minutes. Ajoutez un filet de bonne huile d'olive, un trait de tamari et de Tabasco, et saupoudrez de gomasio – poudre de sésame et de sel que l'on trouve en alimentation macrobiotique. La vitamine E, dont le sésame est riche, combat les radicaux libres.

2-4 PERSONNES
8 petites pommes de terre nouvelles, coupées en deux
2 carottes, taillées en gros bâtonnets
180 g de brocoli, séparé en petits bouquets
200 g de chou-fleur, séparé en petits bouquets
1 petite tête de fenouil, coupée en fines tranches dans le sens de la longueur
100 g de haricots verts parés et effilés
1 patate douce, pelée et taillée en tranches (facultatif)
2 petits blancs de poireau, coupés en deux tronçons

vinaigrette
4 cuil. à soupe d'huile d'olive
3 gousses d'ail, écrasées
3 cuil. à dessert de moutarde de Meaux (ou de toute autre moutarde à grains entiers)
1 trait de vinaigre balsamique
fleur de sel, poivre noir du moulin

Portez à ébullition de l'eau dans une grande casserole ou dans le fond d'un cuit-vapeur. Dans une passoire, ou dans le panier supérieur, déposez les légumes en couches successives : pommes de terre, carottes, brocoli et chou-fleur ; par-dessus, ou dans un second panier, déposez le fenouil, puis les haricots verts, la patate douce et enfin les poireaux. Couvrez et faites cuire 10-15 minutes.

Pendant ce temps, incorporez au fouet l'huile d'olive et l'ail dans la moutarde jusqu'à obtention d'une sauce épaisse. Allongez d'un trait de vinaigre balsamique. Salez et poivrez.

Servez les légumes dans un grand plat et accompagnez de la vinaigrette.

Haricots verts à la tomate et à l'ail

J'ai bien dû déguster ce plat une fois par semaine depuis que je suis toute petite, et je ne m'en suis jamais lassée. C'est une recette méditerranéenne : les légumes ne doivent pas être *al dente* mais attendris, confits ; ils libèrent ainsi toute leur saveur, aidés en cela par un lent braisage à l'huile d'olive. Ils sont plus goûteux que simplement bouillis. Pour parer des haricots verts sans perdre de temps, ramassez-les en botte bien égale et coupez les extrémités avec un grand couteau d'un côté puis de l'autre. Il faut pour cela qu'ils soient de longueur homogène et vraiment sans fils.

2-4 PERSONNES
200 g de haricots verts parés et effilés
4 cuil. à soupe d'huile d'olive
1 petit oignon rouge, taillé en tranches
4 gousses d'ail, écrasées
5 tomates, coupées en quartiers
1 trait de Tabasco
fleur de sel, poivre noir du moulin

Portez à ébullition de l'eau dans une grande casserole et faites-y blanchir les haricots verts 5-7 minutes jusqu'à ce qu'ils soient tendres. Égouttez-les.

Faites chauffer l'huile dans une casserole. Ajoutez l'oignon et l'ail, faites-les fondre jusqu'à ce qu'ils soient translucides. Ajoutez les tomates et les haricots verts, le Tabasco, salez et poivrez. J'aime les faire cuire sur feu très vif en ajoutant de l'eau de temps à autre pour déglacer le jus, mais je vous conseille de régler le feu selon vos préférences et de surveiller la cuisson jusqu'à ce que la sauce soit onctueuse et les haricots verts très fondants.

Purée de pommes de terre aux champignons sauvages

Comme vous devez l'avoir compris maintenant, j'adore les champignons à la crème, alors autant continuer. La purée est une purée à l'ancienne, légère et bien battue, mais je prends la liberté d'y ajouter de l'huile d'olive en plus du beurre et du lait (ou de la crème si vous préférez). Dans cette recette, je préfère l'estragon au thym, mais c'est à vous de voir.

4 PERSONNES
600 g de pommes de terre farineuses (bintje ou charlotte), pelées et taillées en gros dés
60 g de beurre
4 cuil. à soupe de lait ou de crème fraîche épaisse
2 cuil. à soupe d'huile d'olive extra-vierge

champignons
30 g de beurre
2 gousses d'ail, finement hachées
2 échalotes, finement hachées
fleur de sel, poivre noir du moulin
200 g de gros champignons de Paris bio
100 g de shiitake frais (lentins de chêne), taillés en tranches
5 cuil. à soupe de cognac ou de marsala
30 g de cèpes séchés, de préférence italiens, juste couverts d'eau bouillante additionnée d'un trait de cognac et d'un trait de tamari
125 g de champignons sauvages frais (girolles, chanterelles, faux mousserons…), bien nettoyés
3 cuil. à soupe de crème fraîche épaisse
1 cuil. à soupe de tamari
1 trait de Tabasco
1 feuille de laurier
1 petite branche d'estragon frais ou de thym frais
1 cuil. à soupe de feuilles de persil plat finement hachées

Couvrez d'eau les pommes de terre dans une grande casserole, salez, portez à ébullition, couvrez et baissez le feu. Laissez frémir pendant que vous préparez les autres ingrédients, jusqu'à ce que les pommes de terre soient bien tendres (15 minutes environ).

Occupez-vous des champignons : faites chauffer le beurre dans une sauteuse ou dans une grande poêle, ajoutez l'ail et les échalotes, salez et poivrez légèrement, faites revenir jusqu'à coloration. Ajoutez les champignons de Paris, les shiitake et la moitié de l'alcool (cognac ou marsala), et continuez de faire cuire sur feu moyen jusqu'à ce que les champignons soient juste cuits. Ne vous inquiétez pas s'ils rendent du liquide, il servira à faire la sauce. Ajoutez enfin les cèpes et leur eau de trempage filtrée, et 1 minute plus tard les autres champignons sauvages.

Continuez de faire cuire environ 8 minutes sur feu moyen ; il doit rester un peu de liquide dans la sauteuse. Ajoutez le reste de l'alcool, baissez le feu et laissez réduire. Incorporez la crème, le tamari, le Tabasco et ajoutez la feuille de laurier, l'estragon ou le thym. Portez à ébullition et faites mijoter encore 5 minutes afin de marier les arômes. Rectifiez l'assaisonnement en sel et en poivre.

Pendant ce temps, égouttez les pommes de terre, écrasez-les soigneusement avec un presse-purée ou au moulin à légumes, puis incorporez en battant le beurre, le lait ou la crème, l'huile d'olive ; salez et poivrez. Servez dans des assiettes chaudes avec les champignons et leur sauce parsemés d'un peu de persil haché. Une salade de cresson ou d'endives avec une vinaigrette bien moutardée accompagnera parfaitement ce plat très riche.

Courgettes farcies à la ricotta
et aux amandes grillées, sauce aux tomates fraîches

J'ai toujours adoré les courgettes farcies. Ma mère prépare les farces les plus délicates, avec amandes et raisins, œufs durs finement hachés et persil, et aussi à la viande. Mais jamais à la ricotta : alors je lui en ai préparé un jour, et elle a adoré.

2-4 PERSONNES
500 g de courgettes pas trop grosses, fermes et régulières, parées et lavées
4 cuil. à soupe d'huile d'olive
2 échalotes, finement hachées
1 gousse d'ail, écrasée
100 g de ricotta
1 cuil. à soupe de parmesan fraîchement râpé
1/2 cube de bouillon de légumes finement émietté
30 g d'amandes mondées, grillées au four et concassées en fins éclats
2 cuil. à soupe de chapelure de pain blanc frais
1 cuil. à soupe de basilic frais haché ou moitié basilic, moitié ciboulette
fleur de sel, poivre noir du moulin

sauce
4-6 cuil. à soupe d'huile d'olive
2 gousses d'ail, finement hachées
1 petit oignon rouge, finement haché
500 g de tomates fraîches, grossièrement hachées
8 olives noires dénoyautées (facultatif)
quelques feuilles de basilic grossièrement émiettées

Coupez les courgettes en deux tronçons ; évidez-les avec un couteau économe ou un vide-pomme en creusant aux deux extrémités. Hachez grossièrement la chair retirée. Faites chauffer la moitié de l'huile dans une casserole. Faites-y suer 6-7 minutes les échalotes, l'ail et la chair de courgette hachée. Incorporez la ricotta, le parmesan, le demi-cube de bouillon émietté, les amandes, la chapelure et les herbes. Salez et poivrez.

Farcissez les courgettes. Faites chauffer le reste de l'huile sur un gril en fonte. Faites-y griller les courgettes en les retournant de temps en temps ; elles doivent être noircies par endroits. Vous pouvez aussi les faire cuire à four chaud, mais la cuisson est plus longue.

Pendant ce temps, préparez la sauce. Faites chauffer la quasi-totalité de l'huile dans une poêle. Ajoutez l'ail et l'oignon, faites suer jusqu'à ce qu'ils soient translucides. Ajoutez les tomates et faites cuire 8 minutes. Versez cette sauce dans un plat creux et déposez-y les courgettes grillées. Ajoutez un filet d'huile d'olive et décorez d'olives noires, si vous le désirez, et de feuilles de basilic émiettées.

Artichauts farcis en sauce safranée

Je prépare d'habitude cette recette avec des artichauts frais – cela me rappelle mon enfance. Mais, dans ce cas, aucune chance d'y arriver en 30 minutes !
Je recours donc à des fonds d'artichaut en boîte ou surgelés. C'est dans un livre de Claudia Roden que j'ai trouvé la possibilité d'utiliser des artichauts surgelés, et s'ils sont assez bons pour elle, ils le sont pour moi.
La farine de *mazzah* se trouve en grande surface, au rayon cacher – mais si vous n'en trouvez pas, achetez de la *mazzah*, du pain azyme, et réduisez-le en poudre dans le bol d'un mixeur, c'est la même chose. Les *cream crackers* réduits en poudre donnent un résultat similaire.

2-4 PERSONNES

1 boîte de fonds d'artichaut en boîte (il y en a en général 5 par boîte)
1/2 citron
4-6 cuil. à soupe d'infusion de safran (quelques filaments de safran infusés dans de l'eau chaude)
1 cuil. à soupe d'huile d'olive
1 gousse d'ail, taillée en fines tranches

farce

quelques filaments de safran infusés dans 15 cl de bouillon de légumes chaud
75 g de farine de *mazzah* et d'amandes en poudre mélangées à parts égales
1 gros œuf
1 œuf dur, grossièrement haché
le vert de 1 oignon nouveau, taillé en tranches fines
1 tomate moyenne, concassée
1 cuil. à soupe d'huile d'olive
1 trait de Tabasco
1 cuil. à café de coriandre fraîche hachée
1 cuil. à café de persil plat haché
1/2 cuil. à café de harissa
1/2 noix de muscade râpée
2 gousses d'ail, écrasées
fleur de sel, poivre noir du moulin

sauce

8 filaments de safran environ infusés dans 25 cl de bouillon chaud préparé avec 1/2 cube de bouillon de légumes
2-3 gousses d'ail, écrasées ou taillées en fines tranches
1 cuil. à café de jus de citron
30 cl de crème fraîche épaisse
1 cuil. à soupe d'herbes finement hachées (persil ou ciboulette)

Préchauffez le four à 190 °C (th. 6). Rincez les artichauts à l'eau froide pour les débarrasser de leur goût de saumure. Frottez-les avec le demi-citron.

Dans une casserole à fond épais ou dans une cocotte, réunissez l'infusion de safran, l'huile d'olive et l'ail. Portez à ébullition, ajoutez les artichauts et baissez le feu. Laissez mijoter et réduire jusqu'à ce que les artichauts soient nappés d'une sauce bien dorée (5-7 minutes).

Mélangez tous les ingrédients de la farce et farcissez-en les fonds d'artichaut. Rangez ceux-ci dans un plat à gratin, arrosez de la sauce et de 1 cuillerée à soupe d'infusion de safran ou d'eau. Couvrez d'une feuille d'aluminium et faites cuire 10 minutes au four en arrosant plus d'une fois. La farce doit rester moelleuse, mais si vous voulez faire dorer la surface retirez la feuille d'aluminium 4 minutes avant la fin de la cuisson.

Préparez la sauce : faites réduire de moitié l'infusion de safran. Ajoutez l'ail, le jus de citron et la crème. Faites cuire sur feu doux 5-7 minutes, puis ajoutez l'herbe hachée de votre choix.

Servez les artichauts dans leur plat de cuisson ou dans un plat de service, arrosés de leur sauce. Si vous voulez donner une touche plus méditerranéenne, servez avec la sauce aux tomates fraîches de la page 148 en lieu et place de la crème au safran ; faites également cuire les artichauts dans cette sauce.

Chou farci au *colcannon*

Il ne faut que 15 minutes (ou 10 minutes à l'autocuiseur) pour faire cuire un chou de Milan ou un cœur-de-bœuf entier. Ici, le chou farci est une occasion de découvrir le *colcannon*, une délicieuse préparation irlandaise de chou, de pommes de terre et d'oignons.

4 PERSONNES
1 chou de Milan, paré et nettoyé
2 grosses pommes de terre, grossièrement hachées
2 cuil. à soupe d'huile d'arachide
2 oignons, hachés
6 gousses d'ail, taillées en tranches fines
1 boîte de 400 g de tomates pelées et concassées
250 g de ricotta
200 g de cheddar râpé
15 g de beurre
1 pincée de noix de muscade fraîchement râpée
1,5 cuil. à soupe de moutarde de Meaux
5 cuil. à soupe de crème fraîche épaisse
1 œuf, battu
60 g de chapelure (facultatif)
fleur de sel, poivre noir du moulin
30 g de noisettes, d'amandes ou de noix, grossièrement hachées (facultatif)

Prélevez 3 feuilles extérieures du chou et hachez-les finement. Portez à ébullition de l'eau salée dans une grande casserole et faites-y blanchir le chou 10-15 minutes. En même temps, couvrez d'eau les pommes de terre dans une casserole, salez, portez à ébullition et faites cuire 15 minutes.

Pendant ce temps, faites chauffer l'huile dans une poêle. Faites-y légèrement blondir les oignons et l'ail 5 minutes sur feu doux. Retirez-en la moitié et transférez-la dans une seconde poêle. Faites mijoter les tomates 10 minutes dans la première poêle.

Égouttez les pommes de terre, réservez-les. Dans la seconde poêle, faites revenir le chou haché 1 minute jusqu'à ce qu'il fonde. Écrasez les pommes de terre avec un presse-purée et incorporez-y le chou haché, la ricotta, un tiers du cheddar, le beurre, la noix de muscade, la moutarde, la crème et l'œuf. Salez, poivrez, mélangez bien.

Égouttez très soigneusement le chou entier. Écartez les feuilles sans les détacher du cœur. Garnissez généreusement de farce tous les espaces entre les feuilles.

Faites chauffer le gril du four. Versez la sauce tomate dans un plat allant au four, déposez-y le chou farci. Mélangez le reste du cheddar, la chapelure et les fruits secs, si vous en utilisez. Saupoudrez le chou de ce mélange. Faites griller quelques minutes, et servez immédiatement.

Poivrons grillés farcis
aux cocos, à la feta et aux olives

Pendant des années, j'ai évité les poivrons farcis comme la peste. C'était pour moi une espèce d'enfer de la cuisine végétarienne. Et puis j'ai décidé de rester positive : le passage au gril fait toute la différence, à vous de voir si vous désirez consommer les parties noircies. C'est beaucoup mieux que de faire rôtir les poivrons pendant des heures, mais assurez-vous que la chair soit cuite : ni molle ni dure. La farce doit être très fraîche, pleine de textures, de couleurs et de saveurs. J'utilise des poivrons italiens corne-de-bœuf pour leur forme allongée et leur goût ; si vous en trouvez de couleur rouge, c'est parfait. Autrement, utilisez des poivrons rouges de forme allongée.

2-4 PERSONNES
2 gros poivrons rouges à chair fine, de préférence corne-de-bœuf
200 g de feta grecque, taillée en bâtonnets de la longueur d'un doigt
1 boîte de haricots cocos (200 g égouttés)
16 olives de Kalamata
1 cuil. à soupe d'herbes (persil plat ou coriandre) hachées
1 oignon nouveau, très finement émincé
1 petite branche de céleri, très finement émincée (facultatif)
1 tomate, épépinée et finement concassée
1 gousse d'ail, finement hachée ou écrasée
3-4 cuil. à soupe d'huile d'olive
le jus de 1/2 citron
fleur de sel, poivre noir du moulin
1 cuil. à soupe de pignons de pin ou d'amandes légèrement grillés et concassés, pour la garniture

Faites noircir les poivrons au gril ou sur la flamme du gaz en les tenant par la queue et en les retournant régulièrement pour qu'ils grillent sur toute leur surface. Quand ils sont bien assouplis, coupez-les en deux dans le sens de la longueur et laissez-les brièvement tiédir dans une assiette en recueillant leur jus.

Mélangez tous les autres ingrédients, excepté les pignons ou les amandes, salez, poivrez. Farcissez de ce mélange les demi-poivrons grillés en arrosant du jus recueilli et en parsemant de pignons ou d'amandes concassés. Servez avec une salade de roquette et accompagnez de harissa ou de chermoula (page 17).

9

Couscous sans larmes, risotto sans peine et autres festins prêts en 30 minutes

Vous seriez bien fière, n'est-ce pas, de pouvoir servir en 30 minutes non pas un casse-croûte ou une salade mais un vrai festin ? Alors à vos marques, rassemblez vos ingrédients, respirez à fond, respectez toutes les étapes, et partez !

Carottes braisées au safran, pilaf aux fèves

Si vous tombez sur une jolie botte de carottes nouvelles bio avec leurs fanes, sautez dessus. Quant au pilaf, c'est ici l'accompagnement parfait, ainsi que pour tout plat de légumes ou de féculents d'inspiration marocaine.

4 PERSONNES
1 botte de jeunes carottes (500 g)
4 cuil. à soupe d'huile d'olive
1 cuil. à café de cumin en poudre
1 bonne pincée de safran
1/2 cube de bouillon de légumes, finement émietté
4 grosses gousses d'ail ou 6 petites
1 trait de Tabasco
fleur de sel, poivre noir du moulin
quelques quartiers de citron

pilaf
250 g de riz basmati
200 g de fèves surgelées
2 cuil. à soupe d'huile d'olive
3 grosses échalotes, finement émincées
2 gousses d'ail, finement émincées
1 cuil. à café de graines de cumin
2 cuil. à soupe de raisins de Smyrne
1 cuil. à soupe de pignons de pin

Parez les carottes mais laissez-les entières ; brossez-les sous l'eau courante. Si elles sont grosses, fendez-les en deux dans le sens de la longueur mais laissez-les attachées au sommet. Réunissez les carottes et les autres ingrédients, sauf les quartiers de citron, dans une grande casserole. Ajoutez 15 cl d'eau, couvrez et faites cuire 20 minutes sur feu moyen, jusqu'à ce que les carottes soient tendres et nappées d'une sauce fleurant bon l'ail et le safran.

Pendant ce temps, versez le riz dans une casserole et couvrez-le de son volume d'eau. Salez légèrement. Couvrez, portez à ébullition, baissez le feu et laissez mijoter 12 minutes, jusqu'à ce que toute l'eau soit absorbée.

Pendant la cuisson du riz, faites blanchir les fèves 7 minutes à l'eau bouillante. Rafraîchissez-les, égouttez-les. Dans une casserole, faites chauffer l'huile d'olive, faites-y dorer les échalotes jusqu'à ce qu'elles caramélisent légèrement. Ajoutez l'ail et le cumin, faites frire encore 2-3 minutes. Ajoutez les fèves et gardez le tout sur feu doux. Quand le riz est cuit, ajoutez-le aux fèves, remuez 1 minute sur feu doux, ajoutez les raisins secs et les pignons, et servez avec les carottes.

Couscous aux olives vertes et au citron confit

Vous pouvez préparer vous-même vos citrons confits en suivant la recette de la page 17, ou les acheter dans n'importe quelle alimentation grecque ou orientale. Au lieu du citron entier mentionné dans les ingrédients, utilisez 4 quartiers de citron confit. Il suffit d'un petit citron pour donner de l'amertume : diminuez la dose si vous le jugez nécessaire. Les amandes grillées donnent du goût et du croquant, mais il faut les laisser refroidir avant de les ajouter à la préparation, sinon elles se ramollissent. En tout cas, voici une autre occasion de sortir votre harissa ou votre chermoula.

4 PERSONNES
2 cuil. à soupe d'huile d'olive
1 gros oignon, taillé en fines tranches
les gousses pelées et entières de 1 tête d'ail
1 petit citron, coupé en 8 quartiers, ou 4 quartiers de citron confit
2 bocaux d'olives vertes de 350 g chacun, égouttés
20 cl de bouillon de légumes préparé avec 1/4 de cube et quelques filaments de safran
1 pincée de paprika
50 g d'amandes entières, mondées

COUSCOUS
400 g de couscous
40 cl de bouillon de légumes bouillant préparé avec 1/2 cube
1 cuil. à soupe de beurre ou d'huile d'olive

Préchauffez le four à la température maximale.

Versez le couscous dans un saladier et couvrez-le de bouillon. Ajoutez le beurre ou l'huile. Remuez et réservez.

Faites chauffer l'huile d'olive dans une poêle. Ajoutez l'oignon et faites-le dorer sur feu moyen. Ajoutez l'ail, le citron et les olives. Couvrez avec le bouillon, ajoutez le paprika, remuez et faites bouillir 5 minutes. Baissez le feu et laissez mijoter jusqu'à ce que le bouillon soit bien réduit (10-12 minutes environ).

Pendant ce temps, faites griller les amandes 4 minutes au four (ne les laissez pas brûler). Ajoutez-les aux olives 2 minutes avant la fin de la cuisson. L'ail doit être tout à fait fondant et la sauce encore un peu longue mais pas trop liquide.

Servez immédiatement avec le couscous égrené avec une fourchette et un bol de harissa ou de chermoula (page 17), ainsi qu'un bol de yaourt grec.

Couscous algérien aux pois chiches

Si vous voulez déguster ce plat « comme là-bas », prenez un peu de couscous dans la paume de votre main, déposez-y un pois chiche ou un raisin sec, roulez le couscous en boulette, ouvrez la bouche, et hop !

4 PERSONNES
3 cuil. à soupe d'huile d'olive
500 g de poireaux, blancs seulement, coupés en tronçons de 2 cm
275 g d'oignons, finement hachés
4 gousses d'ail, taillées en tranches
fleur de sel, poivre noir du moulin
3 cuil. à soupe de cumin en poudre
1 pincée de safran infusée dans 3 cuil. à soupe d'eau chaude
500 g de carottes, coupées en rondelles de 2 cm
500 g de courgettes, coupées en rondelles de 2 cm
1 boîte de pois chiches de 400 g, avec l'eau de conserve
1 boîte de 400 g de tomates entières pelées au jus
2 cuil. à soupe de raisins de Smyrne
1 cuil. à soupe de persil haché pour la garniture

COUSCOUS
400 g de couscous
40 cl de bouillon de légumes bouillant préparé avec 1/2 cube
1 cuil. à soupe de beurre ou d'huile d'olive

Dans un saladier, couvrez le couscous de bouillon. Ajoutez le beurre ou l'huile. Remuez et réservez.

Dans une cocotte ou dans une casserole à fond épais, faites chauffer l'huile. Ajoutez les poireaux et faites-les dorer. Retirez-les et réservez-les. Dans la même cocotte, faites frire l'oignon jusqu'à ce qu'il commence à dorer. Ajoutez l'ail, un peu de sel, puis le cumin. Faites cuire encore 3-4 minutes en mouillant de temps en temps avec un peu d'eau safranée.

Ajoutez les carottes et continuez la cuisson jusqu'à ce qu'elles s'attendrissent un peu. Ajoutez les courgettes, faites sauter 2 minutes. Enfin ajoutez les poireaux réservés, les pois chiches et leur eau de conserve, les tomates et le reste de l'eau safranée, puis les raisins.

Faites cuire 10 minutes environ sur feu doux jusqu'à ce que les légumes soient tendres (mais pas ramollis). Si la sauce vous paraît trop épaisse (elle doit être longue, plutôt bouillon que sauce), ajoutez un peu d'eau chaude. Salez, poivrez, saupoudrez de persil haché.

Servez avec le couscous et un bol de harissa ou de chermoula (page 17).

Risotto aux cèpes

Toutes les recettes de risotto sont formelles : il faut rester scotchée au fourneau pendant une demi-heure, en ajoutant du bouillon petit à petit et en touillant consciencieusement. Or mon amie Anjalika, qui cuisine comme une fée, procède ainsi : dès que le riz a absorbé les deux premières louches de bouillon, elle va s'occuper d'autre chose. De temps en temps elle revient à son riz pour ajouter un peu de bouillon et donner un coup de spatule, et quand tout le liquide est absorbé, elle ajoute un filet d'huile d'olive. Si vous êtes vraiment pressée, il est utile de savoir que le riz *vialone nano* cuit plus vite que l'*arborio* (15 minutes environ).

4 PERSONNES
50 g de cèpes séchés, de préférence italiens
1/2 cube de bouillon de légumes
3 cuil. à soupe de cognac
1 cuil. à café de tamari
2 gousses d'ail, taillées en fines tranches
50 g de beurre ou 3 cuil. à soupe d'huile d'olive
6 échalotes, finement hachées
350 g de riz *vialone nano* ou de tout autre riz pour risotto (*carnaroli*, *arborio*)
fleur de sel, poivre noir du moulin
90 g de parmesan fraîchement râpé
1 poignée de persil plat haché

Dans un bol, placez les cèpes séchés, 1 pincée du cube de bouillon émietté, le cognac, le tamari, 1 gousse d'ail en tranches. Couvrez de 35 cl d'eau chaude. Faites tremper jusqu'à ce que les cèpes soient assouplis – ils s'attendriront davantage à la cuisson.

Pendant ce temps, mettez le reste du cube de bouillon dans un verre mesureur et ajoutez 65 cl d'eau bouillante. Remuez et réservez.

Dans une cocotte ou une casserole à fond épais, faites chauffer le beurre ou l'huile d'olive. Faites-y fondre les échalotes et l'ail jusqu'à ce qu'ils soient translucides. Ajoutez le riz et remuez sur feu moyen jusqu'à ce qu'il devienne lui aussi translucide. Filtrez l'eau de trempage des cèpes et ajoutez-la au riz. Salez, poivrez, ajoutez 25 cl de bouillon en remuant avec une spatule en bois jusqu'à ce que tout le liquide soit absorbé.

Ajoutez les cèpes, puis, peu à peu, le reste du bouillon, sans cesser de remuer jusqu'à ce qu'il soit absorbé. Le risotto doit être brun sombre, le riz crémeux, mais les grains doivent être bien détachés les uns des autres.

Incorporez la moitié du parmesan, saupoudrez de persil et servez immédiatement avec le reste du parmesan à part. Je présenterais également ce plat avec quelques épinards juste fondus et arrosés d'une légère vinaigrette à l'huile d'olive.

Risotto au safran

Il est bon de toujours avoir un peu de safran chez soi, bien enveloppé dans du papier sulfurisé et conservé dans une petite boîte, dans un lieu frais et sombre. Je ne compte plus les plats sans relief que j'ai transformés en festins exotiques grâce à quelques filaments de cette épice miracle – pensez à la tourte aux pommes de terre safranées, aux épinards et à la fontina de la page 120. Si l'huile d'olive est l'or liquide de la Méditerranée, le safran est l'or à 24 carats du Proche-Orient. J'aime cette cuisine, simple, élégante et sophistiquée : elle donne de la splendeur à la vie.

4 PERSONNES
1,5 litre de bouillon de légumes préparé avec 2 cubes
3 cuil. à soupe d'huile d'olive ou 50 g de beurre, plus un peu pour le service
2 échalotes, très finement hachées
350 g de riz *vialone nano* ou de tout autre riz pour risotto (*carnaroli*, *arborio*)
20 cl de vin blanc ou rouge
1/2 cuil. à café de filaments de safran pilés dans un mortier, plus quelques-uns à ajouter en fin de cuisson
75 g de parmesan fraîchement râpé
fleur de sel, poivre noir du moulin

Dans une casserole, portez le bouillon à très petit frémissement et gardez-le ainsi pendant que vous préparez le risotto.

Dans une cocotte ou dans une casserole à fond épais, faites chauffer 2 cuillerées à soupe d'huile ou 30 g de beurre, faites-y fondre les échalotes jusqu'à ce qu'elles soient translucides. Ajoutez le riz et remuez sur feu moyen jusqu'à ce qu'il devienne lui aussi translucide. Ajoutez le vin et 1 louche de bouillon chaud, et portez à ébullition sans cesser de remuer.

Lorsque le liquide est presque entièrement absorbé, ajoutez à peu près le quart du bouillon restant. Faites cuire à petit bouillon jusqu'à absorption complète, puis ajoutez 1 louche de bouillon. Remuez et répétez l'opération.

À mi-cuisson (à peu près au bout de 10 minutes), ajoutez le safran pilé, dilué dans un peu de bouillon. Continuez d'ajouter du bouillon peu à peu, en remuant doucement aussi souvent que possible, jusqu'à ce que le riz soit cuit et crémeux. Ajoutez enfin les filaments de safran réservés ; ce sont eux qui donneront le plus d'arôme.

Retirez du feu et incorporez la moitié du parmesan. Couvrez la cocotte ou la casserole et laissez reposer le risotto 1 minute, le temps de faire fondre le fromage. Enfin, remuez vigoureusement avec une spatule, ajoutez un filet d'huile d'olive ou une noisette de beurre, salez, poivrez, et servez accompagné du reste du parmesan.

Risotto à la carotte et au thym

Le thym frais élève ce risotto au niveau d'un plat royal, irrésistiblement aromatique. Petit conseil : ne réchauffez jamais un risotto. S'il vous en reste, faites des croquettes ou une frittata (page 67). Pour éviter que le risotto n'attache, une casserole à parois arrondies est idéale, mais n'importe quelle cocotte ou casserole à fond épais fait l'affaire.

4 PERSONNES
30 g de beurre
1 cuil. à soupe d'huile d'olive (ou 3 cuil. à soupe, et omettez le beurre)
6 échalotes, finement hachées
2 gousses d'ail, écrasées
500 g de carottes, coupées en grosses rondelles
1 petit bouquet de thym frais
350 g de riz *vialone nano* ou de tout autre riz pour risotto (*carnaroli*, *arborio*)
1 litre de bouillon de légumes bouillant préparé avec 1 cube
fleur de sel, poivre noir du moulin
4 cuil. à soupe de parmesan fraîchement râpé, plus un peu pour le service

Faites chauffer le beurre et l'huile, ou l'huile seule, dans une cocotte ou dans une casserole à fond épais. Ajoutez les échalotes et l'ail, faites fondre jusqu'à ce qu'ils soient translucides. Ajoutez les carottes et faites-les revenir jusqu'à ce qu'elles s'assouplissent légèrement. Ajoutez alors la moitié du thym, puis le riz. Remuez sur feu doux jusqu'à ce que les grains deviennent translucides.

Ajoutez le bouillon chaud, 2 louches à la fois, en remuant fréquemment, jusqu'à absorption complète du liquide (20 minutes environ). Le riz doit être crémeux. Au bout de ce temps les carottes doivent être bien attendries, quoique encore entières, et le risotto doit avoir pris une jolie couleur orangée.

Incorporez presque tout le thym, salez et poivrez. Je serais tentée, à ce moment, d'ajouter la totalité du parmesan et d'en servir un supplément à part pour ceux qui aiment le risotto très fromagé. J'aime bien, également, ajouter un filet d'huile d'olive juste avant de servir, mais c'est facultatif, comme le parmesan à part. Décorez de quelques feuilles ou fleurs de thym.

Risotto au fenouil

Le fenouil communique au riz son arôme subtil et devient délicieusement fondant. Un supplément très agréable : une poignée de petits pois juste blanchis, ajoutés un peu avant la fin de la cuisson.

4 PERSONNES
2 cuil. à soupe d'huile d'olive légère
3 échalotes, finement hachées
1 branche de céleri, finement émincée (facultatif)
2 gousses d'ail, taillées en fines tranches
300 g de riz *vialone nano* ou de tout autre riz pour risotto (*carnaroli*, *arborio*)
1,25 litre de bouillon de légumes bouillant préparé avec 1 cube
2 bulbes de fenouil, parés et grossièrement hachés (réservez les touffes vertes)
6 cuil. à soupe de vin blanc sec
50 g de parmesan fraîchement râpé
fleur de sel, poivre noir du moulin

Faites chauffer l'huile dans une cocotte ou dans une casserole à fond épais. Ajoutez les échalotes et le céleri si vous l'utilisez, et faites-les fondre jusqu'à ce qu'ils deviennent translucides. Ajoutez l'ail et faites cuire 2 minutes environ sans laisser prendre couleur.

Ajoutez le riz et remuez sur feu doux jusqu'à ce qu'il devienne translucide.

Ajoutez 1 louche de bouillon chaud et remuez constamment avec une spatule en bois, jusqu'à ce que le liquide soit absorbé. Ajoutez le fenouil, la moitié du vin et 1 louche de bouillon. Remuez fréquemment en ajoutant du bouillon peu à peu. Vous n'aurez probablement pas besoin de remuer constamment, mais il est important d'ajouter du bouillon à mesure que le riz l'absorbe. Ajoutez enfin, en même temps, le reste du vin et du bouillon.

Retirez du feu et incorporez la moitié du parmesan. Couvrez la cocotte et laissez reposer 1 minute, puis remuez vigoureusement avec la spatule, salez, poivrez, et servez avec le reste du parmesan à part.

Lentilles vertes du Puy aux légumes grillés

Il est temps de sortir l'autocuiseur : si vous n'en avez pas, en effet, les lentilles exigeront au moins 45 minutes pour atteindre la consistance souhaitée.

2-4 PERSONNES
4 cuil. à soupe d'huile d'olive, plus un peu pour le service
1 petit oignon rouge, coupé en dés
les gousses de 1 tête d'ail entière, pelées et taillées en fines tranches
400 g de lentilles vertes du Puy, lavées et égouttées
2 feuilles de laurier
1 cuil. à soupe de tamari
2 cuil. à soupe de vinaigre balsamique
2 grosses poignées de basilic grossièrement émiettées
1 poignée de persil plat finement haché
fleur de sel, poivre noir du moulin

légumes
1 poivron rouge, débarrassé de ses graines et de ses veines intérieures, coupé en 8 lanières
1 grosse courgette, coupée en tranches de 2 cm
1 bulbe de fenouil, paré et coupé en 8 quartiers
1 aubergine, coupée en tranches de 1/2 cm
1 oignon rouge, coupé en quartiers
1-2 cuil. à soupe d'huile d'olive
1 gousse d'ail, finement hachée ou écrasée
1 trait de vinaigre balsamique
1 trait de Tabasco

Dans un autocuiseur, faites chauffer la moitié de l'huile d'olive. Faites-y fondre l'oignon et l'ail jusqu'à ce qu'ils deviennent translucides. Ajoutez les lentilles, 1 litre d'eau et le laurier. Fermez l'autocuiseur et faites cuire 25 minutes sous pression, sur feu doux.

Pendant ce temps, badigeonnez les légumes d'huile d'olive. Faites chauffer un gril en fonte. Faites griller les légumes jusqu'à ce qu'ils soient bien saisis et noircis par endroits. Hors du gril, accommodez-les d'ail, de vinaigre balsamique, de Tabasco, d'un peu de sel et de poivre et de l'huile d'olive restante.

Quand les lentilles sont cuites, incorporez-leur le tamari, le vinaigre balsamique, les 2 dernières cuillerées d'huile d'olive, le basilic, le persil, sel et poivre. Servez sur assiettes, accompagné de légumes grillés. Vous pouvez ajouter un filet d'huile d'olive.

Dal à la noix de coco,

raita, riz à la cardamome et *paneer tikka*

Je sais, je ne manque pas de culot – inclure tout un repas indien dans un livre de cuisine express. Mais on peut le faire, je vous l'assure, en préparant certains des ingrédients à l'avance. J'aime le dal très onctueux, presque comme une soupe. Si vous faites mariner le *paneer* (fromage blanc indien utilisé en cuisine végétarienne) la veille, vous gagnerez un temps considérable. C'est le genre d'acte culinaire qui peut se faire au moment des pubs télé et pendant que vous vous préparez une tasse de thé.

4-6 PERSONNES
3 cuil. à soupe d'huile de tournesol
1 oignon, haché
2 gousses d'ail, taillées en tranches
1 cuil. à café de graines de moutarde noire
1 cuil. à soupe de cumin en poudre
1 cuil. à soupe de coriandre en poudre
1 cuil. à soupe de garam masala
le jus de 4 cm de gingembre frais râpé et pressé
1 petite pomme de terre, pelée et coupée en dés
1 branche de céleri, finement tranchée
1 carotte, coupée en dés de 2 cm
1 litre de bouillon de légumes préparé avec 1/2 cube
250 g de petites lentilles rouges cassées (*masoor dal*)
50 g de crème de coco
1 cuil. à soupe de coriandre fraîche grossièrement hachée, plus une petite poignée pour la garniture
2 cuil. à soupe de raisins de Smyrne
4 petits piments rouges indiens séchés ou 1 piment oiseau finement haché, ou 1/4 de cuil. à café de piment de Cayenne
30 g de noix de coco râpée et séchée (facultatif)
250 g de jeunes pousses d'épinard, lavées
2 tomates, coupées en quartiers

paneer tikka

3 cuil. à soupe de yaourt grec
3 cuil. à soupe de pâte pour *tikka* (alimentations indiennes)
225 g de *paneer*, coupé en dés (alimentations indiennes)

riz à la cardamome

1 cuil. à soupe d'huile d'arachide
1 petit oignon, haché
375 g de riz basmati lavé et égoutté 1 heure à l'avance
6 gousses de cardamome entières
1 petit morceau de macis (facultatif)

raita
50 cl de yaourt grec
1 concombre grossièrement râpé, salé et égoutté 1 heure dans une passoire
4 gousses d'ail, écrasées
1 cuil. à café de pâte de tamarin pour la garniture (facultatif)

Préparez le *paneer tikka* : mélangez le yaourt avec la pâte de tikka, puis enrobez doucement les dés de fromage de ce mélange. Faites mariner quelques heures (toute une nuit au frais dans l'idéal, mais si vous n'avez pas le temps, ce n'est pas la fin du monde).

Préchauffez le four à 300 °C (th. 9-10). Faites-y rôtir le *paneer* mariné 15-20 minutes.

Dans une cocotte ou dans une casserole à fond épais, faites chauffer l'huile de tournesol. Faites-y fondre l'oignon et l'ail jusqu'à ce qu'ils deviennent translucides. Ajoutez toutes les épices et le jus de gingembre, continuez la cuisson en remuant jusqu'à ce que les épices commencent à prendre couleur.

À ce moment, sans cesser de remuer, ajoutez la pomme de terre, le céleri, la carotte et 10 cl de bouillon. Réservez 2 cuillerées à soupe de ce mélange dans un bol, puis versez les lentilles et remuez bien. Ajoutez le reste du bouillon et portez à ébullition. Couvrez, baissez le feu, et faites cuire sur feu très doux jusqu'à ce que la préparation devienne une purée (15-20 minutes).

Remettez dans la cocotte ou dans la casserole les légumes réservés dans un bol. Ajoutez la crème de coco, la coriandre hachée, les raisins secs, le piment et la noix de coco râpée. Ajoutez ensuite les épinards en remuant bien jusqu'à ce qu'ils fondent. Ajoutez enfin les quartiers de tomate.

Pendant la cuisson du dal, préparez le riz à la cardamome : faites chauffer l'huile dans une casserole à fond épais. Ajoutez l'oignon, faites-le légèrement dorer. Ajoutez le riz, remuez jusqu'à ce qu'il devienne translucide. Versez de l'eau afin de couvrir le riz de 2 cm et portez à ébullition. Ajoutez la cardamome et le macis si vous l'utilisez. Couvrez, baissez le feu et laissez cuire très doucement. Au bout de 12 minutes, le riz doit être cuit à la perfection.

Pendant la cuisson de tous les autres éléments, préparez le raita : mélangez les ingrédients, sauf le tamarin que vous verserez sur la surface, en spirale, avant de servir.

Présentez avec du pain naan chaud, des chutneys et/ou des pickles indiens, et le raita à part. Décorez chaque bol ou chaque assiette d'une pluche de coriandre.

Paella aux légumes

Si vous ne trouvez pas de riz complet à cuisson rapide, utilisez du riz rond blanc ou, mieux, du vrai riz pour paella. Le riz long grain, qu'il soit blanc ou complet, n'a pas le moelleux nécessaire. La recette nécessite des poivrons de petite taille. Si ce n'est pas le cas, utilisez seulement la moitié de chaque poivron, et si cela vous chiffonne, prenez des poivrons d'une seule couleur.

4 PERSONNES
300 g de riz complet à cuisson rapide
1 cuil. à soupe de tamari, plus 1 cuil. à café
4 cuil. à soupe d'huile d'olive
2 cuil. à soupe de paprika
2 cuil. à soupe de cumin en poudre
5 gousses d'ail, écrasées
20 cl de bouillon de légumes bouillant préparé avec 1/4 de cube et 1 pincée de filaments de safran
3 cuil. à soupe de vin blanc sec
1/2 cuil. à café de Tabasco
125 g de carottes pelées, coupées en rondelles de 1/2 cm
125 g de courgettes, coupées en rondelles de 1/2 cm
150 g de petits pois surgelés
les grains de 1 épi de maïs frais rasé avec un couteau tranchant
1 petit poivron rouge, débarrassé de ses graines et des veines intérieures, coupé en 8 lanières
1 petit poivron jaune, débarrassé de ses graines et des veines intérieures, coupé en 8 lanières
6 quartiers de tomates séchées conservées à l'huile, égouttés
12 olives noires dénoyautées
fleur de sel, poivre noir du moulin
1 cuil. à soupe de persil plat haché

Dans un autocuiseur, versez le riz et 45 cl d'eau. Ajoutez 1 cuillerée à café de tamari. Fermez et faites cuire 15 minutes sous pression, sur feu doux (si vous n'utilisez pas d'autocuiseur, suivez les instructions de l'emballage). Le riz doit être cuit à cœur mais non détrempé ; souvenez-vous qu'il s'attendrira encore lorsque vous le ferez revenir avec les légumes.

Pendant ce temps, faites chauffer 3 cuillerées à soupe d'huile d'olive dans votre plus grande poêle ou sauteuse (un wok convient également très bien). Ajoutez le paprika et le cumin, remuez et faites suer 1 minute. Ajoutez l'ail, remuez et faites suer encore 1 minute. Ajoutez, très lentement, le bouillon chaud cuillerée par cuillerée, en même temps que le vin, en remuant entre chaque addition de liquide, jusqu'à ce que vous en ayez utilisé la moitié et que les épices forment une sauce onctueuse. Incorporez le Tabasco.

Ajoutez les carottes et remuez jusqu'à ce qu'elles soient bien enrobées de sauce ; faites cuire en remuant 2 minutes. Ajoutez ensuite les courgettes, remuez pareillement, puis les petits pois et le maïs. Faites cuire quelques minutes jusqu'à ce que les légumes soient tendres mais encore fermes. Retirez du feu.

Enduisez les poivrons du reste de l'huile d'olive et faites-les cuire sur un gril en fonte ou dans une poêle en fonte jusqu'à ce qu'ils soient un peu noircis par endroits. Réservez. Lorsque le riz est cuit, retirez-le du feu. Si vous utilisez un autocuiseur, retirez la soupape pour laisser la vapeur s'échapper.

Remettez sur feu doux la poêle contenant les légumes. Ajoutez le riz, sans cesser de remuer, en versant du bouillon si le mélange est trop sec. Ajoutez les tomates séchées et les olives noires, remuez encore 1 minute. Salez, poivrez, déposez les poivrons sur la paella et parsemez de persil haché. Présentez dans la poêle.

10

Vite, au four !

Les recettes suivantes, influencées par la Méditerranée et le Pacifique, ont ceci de merveilleux qu'elles vous permettent de faire autre chose une fois le « coup de feu » de la préparation terminé.

Champignons rôtis au pesto, polenta à la roquette

N'oubliez pas que vous n'avez que 30 minutes – la polenta sera donc à cuisson rapide, c'est très bon, je vous l'assure. Elle est plus moelleuse, moins granuleuse que la version non précuite, mais l'important ici est de tirer le meilleur de vos ingrédients au moyen de substitutions et de raccourcis. Parfois, tout est dans le coup de main et dans le savoir-faire, même si ce n'est pas une idée à la mode.

4 PERSONNES
1 cuil. à soupe de tamari
1 cuil. à soupe de cognac
1 cuil. à soupe de vin rouge
1 trait de Tabasco
4 très gros champignons de Paris bien ouverts
1 belle poignée de feuilles de basilic
2 gousses d'ail, écrasées
4 cuil. à soupe d'huile d'olive
fleur de sel, poivre noir du moulin

polenta
1 litre de bouillon de légumes préparé avec 1/2 cube
180 g de polenta à cuisson rapide
5 cuil. à soupe d'huile d'olive extra-vierge
30 g de parmesan fraîchement râpé
50 g de roquette, lavée, essorée et grossièrement déchirée à la main

pour le service
1 cuil. à soupe de pignons de pin (facultatif)
1 noix de beurre
1 gousse d'ail, écrasée
250 g de vert de blette, lavé et déchiré à la main

Préchauffez le four à 200 °C (th. 6).

Mélangez le tamari, le cognac, le vin, le Tabasco et 1 cuillerée à soupe d'eau. Badigeonnez les champignons de ce mélange et laissez-les mariner.

Préparez un « faux » pesto en passant à la Moulinette électrique les feuilles de basilic, l'ail et l'huile d'olive. Salez, poivrez. Vous devez obtenir une sauce assez lisse. Enrobez les champignons de pesto sur toutes leurs faces en frottant bien, surtout sur les lamelles pour bien les enduire. Réservez le pesto non utilisé.

Déposez les champignons dans un petit plat à gratin et faites-les cuire 20 minutes au four, jusqu'à ce qu'ils aient exsudé tout leur jus.

5 minutes avant la fin de la cuisson, faites griller les pignons au four sur une plaque.

Faites cuire le vert de blette : faites fondre le beurre dans une grande casserole et faites-y suer l'ail. Ajoutez le vert de blette, couvrez et faites cuire à l'étouffée en remuant une ou deux fois. Le vert de blette doit fondre et être bien enduit de beurre.

Pendant ce temps, préparez la polenta. Portez à ébullition le bouillon dans une grande casserole et ajoutez la polenta en un filet continu de façon à éviter la formation de grumeaux. Remuez avec une spatule en bois jusqu'à ce que le mélange épaississe tout en restant bien onctueux. Incorporez l'huile d'olive et le parmesan, salez et poivrez. Incorporez enfin les feuilles de roquette, mélangez et répartissez le tout dans quatre assiettes creuses.

Au milieu de chaque assiette de polenta, déposez un champignon rôti, arrosez du reste du pesto et du jus de cuisson des champignons. Servez avec le vert de blette à part, décoré de pignons grillés.

« J'aime utiliser les meilleurs ingrédients, les plus frais… mais parfois tout est dans le coup de main et dans le savoir-faire. »

Pommes de terre nouvelles
rissolées au four, fromage blanc à l'ail

J'inclus cette recette parce que les pommes de terre rissolées évoquent pour moi ce qu'elles évoquent, je crois, pour tout le monde : le rôti du dimanche, ou, en ce qui concerne l'enfant que j'étais, les repas du vendredi soir. Quel que soit le jour, c'était du travail. Le genre de recette dont la préparation et la cuisson semblent prendre des heures. Or les pommes de terre que voici vous prendront juste une demi-heure à ne (presque) rien faire.

2-4 PERSONNES
10 cl d'huile d'olive
700 g de petites pommes de terre nouvelles, lavées, grattées et coupées en deux dans le sens de la longueur (si nécessaire)
fleur de sel

fromage
2 gousses d'ail, écrasées
250 g de fromage blanc, lissé et égoutté
1 petite poignée de ciboulette, finement ciselée

Préchauffez le four à 300 °C (th. 9-10). Versez l'huile d'olive dans un plat à gratin et mettez le plat au four afin que l'huile soit chaude quand vous ajouterez les pommes de terre.

Pendant ce temps, préparez les pommes de terre et saupoudrez-les généreusement de fleur de sel. Mettez-les dans le plat et faites cuire 25 minutes au four. Elles doivent être tendres et dorées.

Pendant la cuisson des pommes de terre, mélangez l'ail écrasé, le fromage blanc et la ciboulette. Servez les pommes de terre très chaudes et le fromage blanc à part.

Patates douces rôties, courge sucrine, pommes grenaille et échalotes à la mangue fraîche

Si vous êtes vraiment pressée, pas la peine de peler les patates douces, ni les pommes grenaille bien entendu. Vous pouvez aussi vous faciliter la vie en faisant blanchir les échalotes à l'eau bouillante, pas plus de 1 minute afin de préserver leur arôme. Elles seront beaucoup plus faciles à éplucher. Servez avec des brocolis cuits à l'eau, généreusement arrosés de beurre fondu et saupoudrés de fleur de sel, de poivre du moulin et, si vous le désirez, d'ail écrasé. Autre accompagnement délicieux : un grand bol d'épinards juste fondus à la poêle, liés avec un peu de crème fraîche ou de yaourt grec et assaisonnés comme les brocolis.

4 PERSONNES
1 cuil. à café de tamari
3 cuil. à soupe d'huile d'olive
1 trait de Tabasco
1 cuil. à soupe de pâte de tamarin
4 patates douces, lavées, brossées et coupées en tranches de 1 cm au maximum
1 petite courge sucrine, pelée, épépinée et coupée en gros dés
16 pommes grenaille environ, coupées en deux si nécessaire
16 échalotes entières, blanchies et pelées
1 grosse mangue mûre ou 2 petites, pelées et coupées en dés
4-8 gousses d'ail entières, non pelées
2 cuil. à soupe de graines de courge décortiquées (facultatif)
fleur de sel
1 branche de coriandre fraîche hachée

Préchauffez le four à 300 °C (th. 9-10). Faites-y chauffer un plat à gratin (métallique de préférence) pendant que vous préparez les légumes.

Dans un grand saladier, mélangez le tamari, l'huile d'olive, le Tabasco et la moitié du tamarin. Ajoutez les légumes découpés, les échalotes, la mangue et l'ail, et mélangez avec les mains. Versez le tout dans le plat à gratin chauffé et faites cuire 20 minutes au four. Vérifiez de temps en temps que rien ne brûle ou ne se dessèche. Si nécessaire, ajoutez un peu d'eau, ou de bouillon, ou même de vin ou d'alcool pour que les légumes gardent leur moelleux. 2 minutes avant la fin de la cuisson, ajoutez le reste du tamarin.

Pendant ce temps, placez – si vous les utilisez – les graines de courge avec un peu de fleur de sel dans une petite poêle en fonte et faites-les griller au four jusqu'à ce qu'elles commencent à éclater.

Servez les légumes dans des assiettes chauffées, parsemés de graines de courge et de coriandre hachée.

Courge sucrine rôtie au tofu, aux haricots verts et aux noix

J'ai également réalisé cette recette avec des tranches de fromage de chèvre, avec une touche finale de sirop d'érable : une révélation !

2-4 PERSONNES
1 cuil. à soupe d'huile d'olive (prévoyez-en un peu plus)
1 trait de Tabasco
fleur de sel, poivre noir du moulin
1 belle courge sucrine de 1 kg environ, pelée et évidée, coupée en 8 quartiers dans le sens de la longueur
2-4 gousses d'ail entières, non pelées
2 petits oignons rouges, coupés en quartiers
150 g de haricots verts parés et effilés
1 cuil. à café de tamari
30 g d'amandes entières, mondées et concassées en fins éclats
1 cuil. à soupe de sirop d'érable (facultatif)

tofu
2 cuil. à soupe d'huile d'olive
275 g de tofu coupé en dés
2 cuil. à soupe de tamari

Préchauffez le four à 300 °C (th. 9-10). Mélangez 1 cuillerée à soupe d'huile d'olive, le Tabasco, un peu de sel et de poivre. Réunissez les morceaux de courge, l'ail et les quartiers d'oignon dans un plat à gratin, arrosez-les du mélange huile-Tabasco et remuez pour bien les enduire. Nichez l'oignon et l'ail sous les morceaux de courge pour leur éviter de brûler. Faites rôtir 25 minutes au four, jusqu'à ce que les légumes soient tendres et dorés.

Pendant ce temps, faites bouillir dans une petite casserole de l'eau salée additionnée d'un peu d'huile d'olive. Ajoutez les haricots verts, faites cuire 7 minutes. Égouttez, rafraîchissez sous l'eau froide courante. Égouttez encore et réservez.

Préparez le tofu : dans une petite casserole, faites chauffer l'huile. Ajoutez le tofu et faites-le revenir 1 minute sur feu vif, ajoutez le tamari, baissez légèrement le feu et continuez de faire dorer le tofu sur toutes les faces (environ 10 minutes). Il doit être croustillant par endroits ; il attachera un peu, mais c'est ainsi qu'il doit cuire.

Environ 7 minutes avant la fin de leur cuisson, arrosez les légumes de tamari, puis parsemez-les d'amandes et de haricots verts. Arrosez de sirop d'érable si vous l'utilisez. Remettez le plat au four ; les amandes vont légèrement caraméliser. Servez les légumes sur assiettes, le tofu posé par-dessus, et, à part, une salade verte bien croquante.

Gratin de topinambours au vin

D'habitude, je prépare ce plat dans une grosse cocotte couverte et je le fais cuire au moins 45 minutes, jusqu'à ce que les topinambours soient très, très fondants. Mais ici, il faut aller vite, et je préfère les braiser autant qu'ils le méritent. Le résultat est absolument divin : sucré, complexe, sophistiqué. Le goût de noisette de ces légumes est mis en valeur par le gruyère, mais je peux m'en passer – ils sont tout aussi délicieux sans lui.

2 PERSONNES
450 g de topinambours, pelés, lavés et finement tranchés
2 généreuses cuil. à soupe d'huile d'olive extra-vierge
3-4 gousses d'ail, taillées en fines tranches
1/2 piment oiseau frais, très finement haché
1/2 cube de bouillon de légumes finement émietté
1 cuil. à soupe de sauce de soja légère ou de tamari
5 cl de vin blanc sec ou de vin rouge
fleur de sel, poivre noir du moulin
4-5 gros champignons de Paris, lavés et coupés en tranches
50 g de gruyère râpé (facultatif)
1 cuil. à soupe de persil plat finement haché ou de ciboulette ciselée

Étalez les topinambours dans une grande poêle, versez l'huile d'olive, l'ail, le piment, le demi-cube de bouillon émietté, le tamari ou la sauce de soja, le vin, un peu de sel et environ 10 cl d'eau. Portez à ébullition, couvrez, baissez le feu et laissez mijoter 20 minutes environ.

Au bout de 10 minutes, retournez les topinambours, ajoutez les champignons et continuez la cuisson à couvert afin de laisser dorer légèrement les topinambours sur les deux faces et de faire réduire la sauce.

Pendant ce temps, préchauffez le gril du four.

Quand les topinambours sont prêts (c'est-à-dire dorés et sans trace de croquant), saupoudrez-les de gruyère et faites gratiner le tout 2 minutes sous le gril. Donnez quelques tours de moulin à poivre et servez parsemé d'herbes hachées.

Gratin de fenouil braisé

On l'aura compris, j'ai pour le fenouil une passion insatiable. Je suis certaine que, même couvert de crème comme ici, ce merveilleux légume ne perd rien de ses qualités digestives. Le braisage est un échange de saveurs : entre les légumes et la sauce, entre la sauce et les légumes. Le résultat est infiniment meilleur que la somme des parties. Tout ce dont vous avez besoin pour accompagner ce délicieux repas, c'est d'une salade d'herbes poivrées – cresson, roquette – et d'un peu de pain chaud.

2 PERSONNES
2 bulbes de fenouil, taillés en deux dans le sens de la longueur
2 gousses d'ail, taillées en fines tranches
5 cuil. à soupe d'huile d'olive légère (prévoyez-en un peu plus)
30 cl de bouillon de légumes chaud préparé avec 1/4 de cube de bouillon
60 g de champignons de Paris, finement tranchés (facultatif)
1 trait de tamari pour les champignons
10 cl de crème fraîche de Normandie
30 g de parmesan râpé

Dans une cocotte ou dans une casserole à fond épais, déposez le fenouil et l'ail. Ajoutez l'huile d'olive et le bouillon. Portez à ébullition, baissez le feu, couvrez et faites cuire doucement 10-12 minutes, ou jusqu'à ce que le fenouil soit tendre et le jus réduit aux trois quarts.

Pendant ce temps, faites sauter les champignons (si vous les utilisez) dans un peu d'huile d'olive. Ajoutez un trait de tamari peu avant la fin de la cuisson.

Préchauffez le gril du four. Pendant qu'il chauffe, incorporez la crème au fenouil braisé, portez à ébullition et retirez immédiatement du feu. Incorporez les champignons, saupoudrez de parmesan et faites gratiner sous le gril jusqu'à ce que le mélange commence à bouillonner. Servez immédiatement.

Gratin de céleri-rave et de cèpes

Quand j'avais le temps (c'était il y a une éternité), j'aurais mis au moins 1 heure à préparer ce gratin. Je l'aurais disposé en couches, cuit lentement au four, bref relégué dans la catégorie « j'adorerais faire ça, mais c'est trop tard et je n'ai pas le temps, alors on va se faire des œufs au plat ». Mais Nadine et sa technique de braisage exclusive n'ont pas dit leur dernier mot ! Et voilà : en 30 minutes chrono, une délicieuse recette, riche et fondante.

4 PERSONNES
20 g de cèpes séchés, de préférence italiens
2 cuil. à soupe d'huile d'olive
1 oignon, très finement tranché
1 boule de céleri-rave de 600 g environ, pelée, lavée et très finement tranchée (3 mm au maximum) à la mandoline, avec un robot ou un couteau très tranchant
1/2 cube de bouillon de légumes finement émietté
3 gousses d'ail, taillées en tranches très fines
1 cuil. à café de jus de citron (facultatif)
poivre noir du moulin
10 cl de crème fraîche épaisse
50 g de gruyère râpé
quelques brins de ciboulette finement ciselés ou 1 cuil. à soupe de persil plat haché

Couvrez les cèpes séchés d'un peu d'eau bouillante.

Faites chauffer l'huile dans une grande sauteuse ou dans une grande poêle. Ajoutez l'oignon et faites-le suer 2 minutes. Ajoutez le céleri, 85 cl d'eau, le demi-cube de bouillon émietté, l'ail, le jus de citron (si vous l'utilisez) et un peu de poivre. Portez à ébullition et faites cuire 20 minutes à gros bouillon en retournant les tranches de céleri de temps à autre pour assurer une cuisson uniforme. Le jus de cuisson doit réduire.

Au bout de 15 minutes environ, ajoutez les cèpes et leur eau de trempage filtrée. Ajoutez immédiatement la crème et continuez la cuisson jusqu'à ce que la sauce soit courte et crémeuse.

Préchauffez le gril du four.

Couvrez le céleri et les cèpes de gruyère râpé, faites gratiner 2 minutes sous le gril. Servez saupoudré d'herbes hachées et accompagné d'une salade verte.

Aubergines au halloumi, pesto de coriandre

L'aubergine adore l'huile d'olive. Elle a aussi un grand besoin de sel. Pour équilibrer ces tendances, il faut ajouter un élément astringent, dans le cas présent le citron vert. Le halloumi, lui, donne la touche relevée nécessaire. Imaginez-vous dans une taverne grecque, par une belle journée d'été, sous la brise tiède, et ces aubergines servies dans un plat en terre… Chez moi, c'est plutôt du Pyrex, mais on a le droit de rêver.

4 PERSONNES
2 grosses aubergines, coupées en tranches de 1/2 cm
6-8 cuil. à soupe d'huile d'olive
1 trait de Tabasco
le jus de 2 citrons verts
400 g de halloumi (fromage blanc libanais rappelant la mozzarella), coupé en tranches de 1/2 cm
2-3 cuil. à soupe de pesto de coriandre (page 15)
1 tomate, grossièrement concassée (facultatif)

Préchauffez le four à la température maximale.

Faites chauffer un gril en fonte ou une poêle en fonte. Badigeonnez les tranches d'aubergine d'huile d'olive sur les deux faces et faites-les griller ou frire jusqu'à ce qu'elles soient dorées.

Arrosez de Tabasco et de presque tout le jus de citron vert (réservez-en un peu pour le service). Dans un grand plat à gratin, alternez des couches d'aubergines et de halloumi, en commençant par une couche d'aubergines et en étalant un peu de pesto sur chaque couche. Terminez par la tomate concassée si vous l'utilisez (comme c'est pour la couleur, vous n'êtes pas obligée de l'inclure, surtout si vous avez prévu une salade de tomates pour l'accompagnement). Couvrez le plat d'une feuille d'aluminium et faites cuire 10 minutes au four.

Retirez la feuille d'aluminium, ajoutez le reste du jus de citron vert et servez avec du pain pita chauffé, une salade verte et une salade de tomates agrémentée de fines tranches d'oignon rouge.

index

A - B

C

D - F

G

H

K - L

N - O

P

R

S

T

V

remerciements

Merci à Maggie Ramsay, mon éditrice à la patience d'ange, que je pouvais déranger dix fois par jour sans qu'elle se plaigne mais qui ne s'est jamais permis de me déranger, sinon pour m'aider à m'organiser. Merci à l'éditeur, Margaret Little, qui, par sa ténacité et la clarté de sa vision, a rendu ce projet possible. Merci à l'équipe de White Heat, David Rowley et Clive Hayball, qui ont créé une si somptueuse maquette pour le livre. Merci à Annabel Ford, qui a testé recette sur recette en ma compagnie, m'a aidée dans mon shopping, s'est occupée de Noah et a fait de tout ce travail un moment de joie. Merci à Bridget Sargeson qui a préparé les recettes pour la photo et s'est remarquablement adaptée à notre *timing* serré. Merci à Philip Webb pour ses magnifiques photos et pour avoir toujours su shooter au bon moment. Merci à Sarah Cuttle, son assistante, pour son calme, sa patience et sa gentillesse du début à la fin du projet. Merci à Francesco Guidicini pour m'avoir tiré le portrait. Merci à Claudia pour le maquillage. Merci à Helen Trent pour avoir trouvé les accessoires. Merci à David, de Fruit Arrow, et à Poupart, pour m'avoir généreusement envoyé des légumes en vue des tests. Merci aussi à The Cheese Cellar qui m'a envoyé de si beaux fromages, notamment le délicieux chèvre Croix d'Or. Merci à Sandra, du Delicatessen Shop à South End Green (Hampstead), qui m'a donné un énorme plateau de pâtes fraîches pour m'amuser. Merci à Vernon, de Cucina, également à South End Green, pour m'avoir fourni à la demande roquette sauvage, trévise et autres verdures – et pour son magasin plein à craquer d'ingrédients que je devais naguère aller chercher à des kilomètres de chez moi. Fin.

Imprimé en Espagne
Dépôt légal : 12358/octobre 2001
23-27-6647-01/4
ISBN : 2.01.236647.3